INTERPRETATIONSHILFE FRANZÖSISCH · DEUTSCH

Jean-Paul Sartre

Huis clos · Geschlossene Gesellschaft

Interpretiert von Eberhard Haar

STARK

Bildnachweis
Umschlagbild: Peter Kornherr
Seite 11, 31, 35: Szenenfotos aus der Aufführung von „Geschlossene Gesellschaft" durch „Die Abwesenden", November 1995, Kiel, Studentische Arbeitsgemeinschaften im Studentenwerk Schleswig-Holstein

Wir danken allen Rechtinhabern für die Abdruckerlaubnis. Der Verlag hat sich bemüht, die Urheber aller abgedruckten Bilder ausfindig zu machen. Wo dies nicht gelungen ist, bitten wir diese, sich ggf. an den Verlag zu wenden.

ISBN: 3-89449-563-4

Inhalt

Autor: Eberhard Haar

Vorwort

Liebe Schülerin, lieber Schüler,

Jean-Paul Sartres *Huis clos – Geschlossene Gesellschaft* fordert heraus. Zwar wurde das Theaterstück schon 1944 uraufgeführt und lässt sich so kaum als ein „Drama der Gegenwart" bezeichnen. Dennoch aber hat das Stück bis heute nicht an Aktualität verloren. Es begegnet als spannende und anregende Lektüre und provoziert den Leser dazu, viele Fragen zu stellen: über den Autor und dessen Philosophie, über unser Leben, letztlich über das eigene Selbst. Was mehr mag man von einer „lohnenden" Lektüre erhoffen?

Der vorliegende kleine Band möchte Ihnen den Zugang zu dem Werk und seiner Problematik etwas erleichtern. Er soll Ihnen sowohl bei der häuslichen Lektüre als auch bei der Vorbereitung für Klausuren und das Abitur hilfreich zur Seite stehen.

Das Kapitel **Biografie und Entstehungsgeschichte** macht Sie mit Jean-Paul Sartres bewegtem Leben und dem philosophischen Hintergrund vertraut, vor dem *Huis clos* entstanden ist und mit dem es in engem Zusammenhang steht.

Die **Inhaltsangabe** führt Sie in systematischer Abfolge durch die einzelnen Szenen und fasst den dramaturgischen Ablauf in allen seinen wichtigen Phasen und wesentlichen Details zusammen.

Den Hauptteil des Buches bildet das Großkapitel **Textanalyse und Interpretation**. Es soll Ihnen ein vertieftes Verständnis des Dramas ermöglichen. Wichtige formale Aspekte werden in dem Abschnitt **Aufbau und Textstruktur** behandelt; die **Charakterisierung der drei Hauptpersonen** Garcin, Inès und Estelle zeigt Ihnen die Wesenszüge der Protagonisten, aus denen ihr Verhalten erst erklärbar wird, und unter dem Titel **Zentrale Themen und Aspekte** sollen sich Ihnen vor dem Hintergrund von Sartres philosophischem Denken Gehalt und zentrale Aussage des Stücks erschließen. Der Abschnitt **Sprache und Gestik** weist nach, dass stilistische und deiktische Mittel bei der Vermittlung des inhaltlichen Gedankenguts eine entscheidende Rolle spielen. Die angebotene **Interpretation von drei Schlüsselszenen** vertieft die Aussagen zu Charakterprofil und Verhaltensweise der Zentralfiguren anhand konkreter Textbezüge.

Das Kapitel **Rezeptionsgeschichte** belegt die enorme Resonanz, die *Huis clos* bis heute in der literarisch interessierten Öffentlichkeit fand.

Meiner Darstellung liegen folgende Ausgaben zugrunde:

- *Collection Folio* (Band 807) und
- rororo (790).

Ihnen sind auch die Zitate im Textablauf entnommen.

Ich würde mich freuen, wenn Ihnen dieser Band nicht nur Hilfe bei Ihrer schulischen Arbeit wäre, sondern Sie auch zur weiteren Beschäftigung und Auseinandersetzung mit Jean-Paul Sartres Werk anregen würde.

Eberhard Haar

Eberhard Haar

Einführung

In der Hierarchie der am häufigsten behandelten Autoren im Französisch-Oberstufenunterricht besetzt Jean-Paul Sartre neben Albert Camus, Antoine de Saint-Exupéry und Molière eine Spitzenposition. Die Schulklassiker der neunziger Jahre konnten über Jahrzehnte ihren Rang verteidigen und erfreuen sich noch der gleichen Beliebtheit wie in den fünfziger und sechziger Jahren.

Das 1944 veröffentlichte Theaterstück *Huis clos* verdankt seine Popularität sowohl seiner inhaltlichen als auch seiner sprachlichen Qualität. Inhaltlich illustriert es in gedanklich relativ unkomplizierter Weise die Kernthesen des atheistischen Existentialismus des Autors, und sprachlich erweist es sich trotz seiner dramatisch dichten Form in Lexik und Strukturen als leicht zugänglich. Die Einheit von Zeit und Raum, die Begrenztheit in der Zahl der Personen und eine einfache Bühnenausstattung als Ort der Handlung prädestinieren es geradezu für Aufführungen von Kammerbühnen, aber auch von Schultheatern.

In unseren Tagen hat das Drama wohl den Hauch des Skandalösen, der es lange Zeit umgeben hat, verloren, es hat aber sicher nichts von seiner Brisanz eingebüßt, stellt sich doch heute wie früher die Frage nach der Rolle und Würde des Individuums in einer komplexen und komplizierten Welt. In der äußersten formalen Konzentration von Sartres Einakter geht es letztlich um menschliche Grundwerte und um die Bewältigung unserer Existenz, um die Frage nach der Essenz, d. h. dem Wesen unseres Menschseins und der Autonomie der Selbstverwirklichung ohne externe Hilfsmittel und Orientierungspunkte.

Die Jugend von heute sieht sich mit anderen Herausforderungen konfrontiert als jene Nachkriegsgeneration, die das Werk

Sartres enthusiastisch begrüßte. Damals wurden Sartres Schriften zur Kultliteratur einer Generation, die im Zweiten Weltkrieg Zeuge des Zusammenbruchs tradierter Werte und Tugenden geworden war und die daraus total verunsichert, ja orientierungslos hervorging. Für sie wurde dieser Autor in seinem Widerstand gegen bürgerliche Moral und konventionelle Religiosität zur Identifikationsfigur und zu einem Hoffnungsträger, der den Existentialismus in seiner radikalen Verneinung aller bestehenden Werte und Ordnungen zur beherrschenden philosophischen Strömung der Nachkriegsjahre machte. Zu welchen Konsequenzen die totale menschliche Unabhängigkeit von Gott führen kann, welche Abgründe sich in unserer Existenz auftun, die es zu überwinden gilt, wird durch das Schicksal der drei Protagonisten in *Huis clos* eindrucksvoll demonstriert.

Biografie und Entstehungsgeschichte

Biografie

Jean-Paul Sartre ist eine der eindrucksvollsten literarischen Persönlichkeiten im intellektuellen Frankreich der Nachkriegszeit. Er stammt aus einer Bürgerfamilie aus dem Périgord und ist Großneffe des Urwaldarztes Albert Schweitzer.

Sartre wird am 21. Juni 1905 in Paris geboren. Sein Vater, ein Marineoffizier, stirbt zwei Jahre nach seiner Geburt, seine Mutter heiratet 1916 wieder. Die Erziehung des jungen Sartre wird weitgehend von seinem Großvater übernommen, der als Deutschlehrer tätig ist.

1924–1928 besucht Sartre die *Ecole Normale Supérieure*, eine Elitehochschule zur Ausbildung von Lehrern an höheren Schulen, und studiert Psychologie, Philologie, Soziologie und Philosophie. 1929 lernt er Simone de Beauvoir kennen, mit der er eine freie Beziehung und Lebensgemeinschaft eingeht, die in ihrer Ablehnung der gesellschaftlichen Konventionen des gehobenen Bürgertums für bestimmte intellektuelle Kreise in Frankreich vorbildhaft werden sollte. In diesem Jahr besteht er auch die *Agrégation* – eine Staatsprüfung im Auswahlverfahren für das Lehramt an Gymnasien und Lehraufträge an der Universität – in Philosophie und absolviert anschließend bis 1931 seinen Militärdienst.

Nach einer Lehrtätigkeit als Gymnasiallehrer für Philosophie in Le Havre kommt er 1933/34 als Stipendiat an das *Institut français* in Berlin und beschäftigt sich dort mit der Philosophie von Husserl und Heidegger. Die Veröffentlichung seines Romans *La Nausée (Der Ekel)* macht ihn 1938 einem größeren Publikum bekannt. Bis er 1939 als Sanitäter zum Kriegsdienst einberufen wird, unterrichtet er wieder in Le Havre. 1940 gerät er in deutsche Kriegsgefangenschaft und wird in ein Lager in Trier eingewiesen, 1941 wird er befreit. 1942–1944 schließt sich Sartre der *Résistance* an und beteiligt sich aktiv am Widerstand gegen die Deutschen. In dieser Zeit entsteht sein philosophisches Hauptwerk *L'Etre et le Néant (Das Sein und das Nichts)*, das aber nach seinem Erscheinen zunächst wenig Beachtung findet. Sartre unterrichtet auch die Abschlussklassen am berühmten *Lycée Condorcet* in Paris, gibt jedoch 1945 seine Lehrtätigkeit auf. Nach der Befreiung Frankreichs gründet er die politisch-literarische Zeitschrift *Les Temps modernes*, die zum wichtigsten Organ der französischen Existentialisten werden sollte, und widmet sich intensiv seinem philosophischen und literarischen Werk.

Auf politischer Ebene sympathisiert er mit dem Kommunismus und steht von 1952 bis 1956 der kommunistischen Partei nahe; Reisen führen ihn unter anderem in die UdSSR, nach China und Kuba. Anlässlich des ungarischen Volksaufstandes wendet er sich 1956 desillusioniert vom Kommunismus ab, bleibt jedoch weiterhin politisch engagiert: so bekennt er sich zum Ende des Algerienkriegs und setzt sich kritisch mit der amerikanischen Vietnampolitik auseinander. 1960 erscheint sein zweites philosophisches Hauptwerk *Critique de la raison dialectique (Kritik der dialektischen Vernunft)*, in dem sich Elemente des Existentialismus mit einer materialistisch-marxistischen Weltsicht verbinden. 1964 lehnt er den Nobelpreis für Literatur ab: Er sieht ihn als „bourgeoisen und partiellen Preis", der mit seiner Grundforderung nach Freiheit des Denkens unvereinbar ist. Im Mai/Juni 1968 engagiert sich Sartre auf der Seite der Arbeiter und Studenten, die mit ihrer Revolte den französischen Staat in seinen Grundfesten erschüttern. In Deutschland macht er Schlagzeilen, als er 1974 die in Stammheim inhaftierten Terroristen der Rote Armee Fraktion besucht.

Jean-Paul Sartre stirbt am 15. April 1980 in Paris. Mit ihm verlässt einer der einflussreichsten und umstrittensten Denker die philosophisch-literarische Bühne des modernen Frankreich.

Entstehungsgeschichte

Zur Entstehungsgeschichte von *Huis clos* äußert sich Sartre selbst wie folgt:

> *Wenn man ein Stück schreibt, gibt es immer bestimmte Anlässe und tiefere Gründe. Der Anlass war der, dass ich, als ich um 1943 und Anfang 1944* Geschlossene Gesellschaft *schrieb, drei Freunde hatte, und ich wollte, dass sie ein Stück spielen, ein Stück von mir, ohne dass einer von ihnen dabei bevorzugt wäre. Das heißt, ich wollte, dass sie die ganze Zeit auf der Bühne zusammenbleiben. Denn ich sagte mir, wenn einer abgeht, wird er denken, dass die anderen eine bessere Rolle haben, sobald er abgeht. Ich wollte sie also zusammenbehalten. Und ich habe mir gesagt, wie kann man drei Personen zusammenbringen, ohne dass man eine von ihnen hinausgehen lässt, und sie bis zum Schluss für alle Ewigkeit auf der Bühne behalten.*
>
> *Da kam mir die Idee, sie in die Hölle zu setzen und jede von ihnen zum Folterknecht der beiden anderen zu machen. Das war der Anlass.*[1]

Sartre verfasste das Stück während der deutschen Besatzungszeit, als Frankreich in eine *zone libre* (freie Zone) und eine *zone occupée* (besetzte Zone) unterteilt war. Er schrieb es im Verlauf von etwa 14 Tagen im Frühherbst 1943. Zunächst erschien es unter dem Titel *Les Autres (Die Anderen)*, und es war geplant, das Stück während einer Theatertournee als Einakter in der freien

Zone, d. h. im Süden Frankreichs aufzuführen. Albert Camus war für die Rolle Garcins vorgesehen und sollte gleichzeitig die Inszenierung übernehmen. Das Projekt litt von Anfang an unter finanziellen Schwierigkeiten und scheiterte letztlich, als eine der beiden Hauptdarstellerinnen verhaftet wurde. Nachdem sich Camus von der Inszenierung zurückgezogen hatte, wurde *Huis clos* unter einem neuen Regisseur am 27. Mai 1944 im Théâtre du Vieux-Colombier in Paris uraufgeführt.[2]

Die deutsche Erstaufführung fand am 16. April 1949 unter dem Titel *Geschlossene Gesellschaft* und unter der Regie von Wolfgang Liebeneiner in den Hamburger Kammerspielen statt.

Inhaltsangabe

Szene 1: Garcin, ein Kellner

Garcin betritt einen im Second-Empire-Stil[3] möblierten Salon und wird von einem Kellner in die ihm neue Umgebung eingeführt. Was zunächst wie ein Hotel für Gäste verschiedenster Nationalität mit entsprechend unterschiedlich ausgestatteten Zimmern erscheint, wird durch diverse Hinweise und Andeutungen schrittweise so eingegrenzt und definiert, dass dem Leser bzw. Zuschauer allmählich klar wird, dass Garcin sich in der Hölle befindet.

Alle Aussagen verweisen auf einen Ort jenseits der Erde, den Lebende nicht betreten, so dass noch nie davon berichtet wurde. Die von Garcin angesprochenen Pfähle, Roste und Ledertrichter sind Beispiele für Folterinstrumente, und die Tatsache, dass das Zimmer keine Fenster und Spiegel aufweist und dass sich hinter den Wänden ein Flur befindet und an dessen Ende weitere Zimmer und Flure aufeinander folgen, charakterisiert eine Situation des Eingeschlossenseins, aus der es kein Entrinnen gibt, denn die Zimmertür ist abgeschlossen und die Klingel zum Herbeirufen des Kellners funktioniert nicht immer. Man braucht keine Zahnbürste, natürlich schläft man nie, das Licht brennt immer – die Bronzefigur auf dem Kamin ist zu schwer, um mit ihr nach der Deckenlampe zu werfen –, man ist zu einem Dasein ohne Unterbrechung verurteilt.

Im Gespräch mit dem Etagenkellner eröffnet sich Garcin Schritt für Schritt die Ausweglosigkeit seiner Lage.

Szene 2: Garcin allein

Die zweite, sehr kurze Szene besteht vornehmlich aus Regieanweisungen und illustriert die in Szene 1 aufgezeigte Situation des Eingeschlossenseins an drei Beispielen: Die Klingel funktioniert nicht, die Tür lässt sich nicht öffnen, und das verzweifelte Rufen Garcins nach dem Kellner bleibt ergebnislos. Der Etagenkellner erscheint erst, nachdem Garcin sich beruhigt hat. Dann geleitet er Inès in den Salon.

Szene 3: Garcin, Inès, der Kellner

Im Gegensatz zu Garcin, der bei seiner Ankunft eine Fülle von Fragen stellte, erscheint Inès ausgesprochen desinteressiert an ihrer neuen Umgebung, so dass sich der Kellner bald zurückziehen kann.

Inès überrascht Garcin jedoch mit der Frage, wo Florence sei. Sie erhellt den Sinn dieser Frage durch eine zusätzliche Bemerkung, aus der erstens hervorgeht, dass sie wohl eine engere Beziehung zu Florence pflegte, derselben aber nicht nachtrauert, und die zweitens zeigt, dass Inès sich über ihren neuen Aufenthaltsort im Klaren ist und Garcin für ihren Peiniger und Henker hält. Dies eröffnet Garcin die Möglichkeit, sich vorzustellen und somit dem Zuschauer seine Identität preiszugeben: Joseph Garcin ist Journalist und Literat. Sein Appell, aus der gegebenen Situation das Beste zu machen und sie durch höfliche Umgangsformen für beide Seiten erträglich zu gestalten, stößt bei Inès Serrano – die betont, dass sie Mademoiselle Serrano ist, also unverheiratet – auf brüske Ablehnung. Inès erkennt sofort, dass ihr Gegenüber Angst hat (obwohl Garcin dies leugnet), und sieht sich durch einen Tick Garcins, dem Zucken seines Mundes, das ihr sehr auf die Nerven geht, in ihrer Annahme bestätigt. Angst in dieser Situation zu zeigen erscheint Inès als völlig unangebracht, da ihre Lage sowieso ausweglos und ohne Hoffnung ist. Garcin erklärt das Gefühl der Angst durch die Ungewissheit ihres momentanen Zustands: noch befinden sie sich in einem Vorstadium und haben nicht angefangen zu leiden. Trotzdem belasten sie sich gegenseitig durch ihre bloße Präsenz. – Am Ende der Szene betreten Estelle und der Kellner den Salon.

Szene 4: Inès, Garcin, Estelle, der Kellner

Der Einstieg in Szene 4 weist Parallelen zu Szene 3 auf: Auch Estelle überrascht zunächst durch einen unverständlich erscheinenden Ausruf, der offensichtlich – wie vorher bei Inès – Bezug auf die Vergangenheit nimmt. Garcin verweist durch seine Bemerkung, dass er nicht der Folterknecht sei, auf seine mit Inès gemachte Erfahrung.

Estelle Rigault scheint auf Äußerlichkeiten großen Wert zu legen: Da das spinatgrüne Sofa nicht zu ihrem hellblauen Kleid passt, würde sie sich gerne auf das Kanapee von Garcin setzen – das ihr von Inès eilfertig angebotene bordeauxrote lehnt sie ab. Während sich Garcin der Neuangekommenen gegenüber sehr gleichgültig und zurückhaltend verhält, zeigt sich die vorher so unhöfliche Inès ihr gegenüber äußerst zuvorkommend: Sie möchte ihr nicht nur ihr Sofa abtreten, sie beeilt sich auch, sich ihr als Erste – noch vor Garcin – vorzustellen.

Mit Inès, Garcin und Estelle ist die Runde der Protagonisten vollständig – der Kellner kann sich zurückziehen.

Szene 5: Inès, Garcin, Estelle

Dass die ansonsten bisher sehr kühle Inès Estelle ein Kompliment bezüglich ihrer Schönheit macht, ist für den Betrachter ein Mosaikstein zur langsamen Aufdeckung ihres Wesens und ihrer Natur. Ihre Frage «Vous êtes …» (p. 30) – „Sie sind …" (S. 22) – das Wort „gestorben" wird von ihr ebenso vermieden wie „tot" – gibt Estelle Gelegenheit zum Rückblick auf ihre Trauerfeier, wobei sie übergangslos von der Gegenwart in die Vergangenheit wechselt und auf diese Weise ihr offensichtlich gestörtes Verhältnis zu ihrer Schwester und zu ihrer besten Freundin Olga Jarret zu erkennen gibt. Nach jeweils eigener Darstellung starb Estelle an einer Lungenentzündung, Inès kam durch Gas ums Leben und Garcin bekam zwölf Kugeln in den Leib. Estelle verwickelt Garcin in ein Gespräch, von dem sich Inès zunächst ausgeschlossen fühlt und das, durch die parallelen Abläufe dreier Rückblenden unterbrochen (Redaktionsräume in Rio, Olga zieht sich aus, die Tür zu Inès Zimmer wurde versiegelt), zur weiteren Erhellung der Charaktere beiträgt: Estelle erscheint sowohl kokett und affektiert in ihrem Verhalten als auch geistig reichlich unbedarft – ganz im Gegensatz zu der früheren Postangestellten Inès, die einerseits zu verstehen gibt, dass sie Männer nicht mag, andererseits die Situation analysiert und zuerst erkennt, dass die Klärung ihres Zustands vom Wahrheitsgehalt ihrer Aussagen abhängig ist: So hinterfragt sie die Gründe ihrer Präsenz, denn sie ist – im Gegensatz zu Garcin – davon überzeugt, dass die drei nicht durch Zufall zusammengebracht wurden.

Estelle erzählt, dass sie als armes Waisenkind aus Rücksicht auf ihren kranken Bruder, der ein Pflegefall war, einen älteren Mann geheiratet habe, nach sechsjähriger Ehe mit ihm die große Liebe ihres Lebens getroffen, aber einen Bruch ihrer Ehe abgelehnt habe und dann an Lungenentzündung „gestorben" sei. Garcin stellt sich als pazifistischer Held dar, der erschossen wurde, weil er es gewagt habe, im Krieg seinen Prinzipien treu zu bleiben. Seine Frau habe er aus der Gosse geholt.

Inès erkennt sofort, dass die beiden die wahren Gründe ihres Hierseins verheimlichen und eine Komödie vorspielen. Sie weiß, dass die Verdammung der Protagonisten nicht ohne Grund erfolgt ist, und sie erkennt auch, dass eine geschickte Strategie der Organisatoren in ihrer Situation den Henker überflüssig macht: Die Verurteilten werden diese Aufgabe selbst übernehmen. Garcin weist dies zurück: Er schlägt einen Pakt der Selbstdisziplin vor, bei dem jeder von ihnen durch ein Maximum an Zurückhaltung vermeidet, dem anderen auf die Nerven zu gehen. Inès und Estelle stimmen nur sehr zögernd zu.

Die vereinbarte Diskretion wird schon nach kurzer Zeit von Inès ignoriert und durchbrochen: Das Chanson, das sie vor sich hinsingt, reflektiert in Ton und Inhalt die morbide Atmosphäre, in der sich die Dreiergruppe befindet.

Estelle ihrerseits steht in ihrer arrogant-koketten Ich-Bezogenheit vor dem Dilemma, ihre Schönheit, um die sie sich nach Auflegen von Puder und Rouge besorgt zeigt, ohne Spiegel nicht bestätigt zu finden. Mehr noch: ihre Fähigkeit, existieren zu können, basiert auf der Notwendigkeit, ihre Schönheit im Spiegel zu erkennen, der sie ihr beglaubigt – das heißt, Estelle ist in ihrer Existenz von einem äußerlichen und außen stehenden Urteil, sei es der Spiegel oder jemand, der ihr als Spiegel dienen kann, abhängig. Darin findet sie sich in ihrem persönlichen Wert reflektiert, dadurch erlangt sie die Sicherheit, „da zu sein“. Dieses Bedürfnis Estelles wird von Inès sofort zum Annäherungsversuch zur Befriedigung ihrer eigenen Intentionen genutzt: Sie

bietet sich als Spiegel an, geht vom „Sie" zum vertraulichen „du" über und rückt Estelle körperlich näher, was dieser ausgesprochen peinlich ist. Zudem bietet ihr Inès keinerlei Garantie, dass sie sich auf ihr Urteil verlassen kann, weil sie nicht weiß, ob diese ihren Geschmack teilt. Für eine kompetente Beurteilung erscheint ihr Garcin als Mann sehr viel eher geeignet – doch dieser hat sich in seine selbst gewählte Isolation zurückgezogen und reagiert auf Estelles Hilfe suchende Bemerkung zunächst nicht.

So kristallisiert sich eine Beziehung gegenseitiger Abhängigkeit zwischen Inès und Estelle heraus: Inès zeigt sich von der Schönheit Estelles gefangen – dass sie sie ständig ansehen muss, ist nicht nur durch die Tatsache, dass es in dieser Hölle nie Nacht wird, bedingt, sondern liegt in den körperlichen Bedürfnissen von Inès begründet: Sie möchte Estelle unbedingt für sich gewinnen. Andererseits sieht sich Estelle dem Urteil von Inès ausgesetzt, die ihr dies auch deutlich zu verstehen gibt, als sie sich als „Fangspiegel" bezeichnet, dem Estelle nicht entkommen kann.

In diese zunächst duale Beziehung wird Garcin gegen seinen Willen einbezogen – alle Abwehrversuche, seien sie auch noch so deutlich oder sogar beleidigend, helfen nichts. Nach gegenseitigen Schuldzuweisungen, das „Stillhalte-Abkommen" verletzt zu haben, nach einem letzten Appell Garcins zur Selbstkontrolle, der aber nichts fruchtet, legt Inès die Aussichtslosigkeit dieser Strategie offen.

Sie verweist auf die penetrante Präsenz der anderen, der sie sich stellen will, um ihre Form der Hölle zu erfahren. Garcin geht auf ihr Angebot ein: auch er sieht jetzt im Offenlegen der Vergangenheit und in der Analyse des jeweiligen eigenen Versagens einen Weg, Qual und Folter zu vermeiden. Nachdem Estelle sich weiterhin weigert, über sich und ihre Fehler zu berichten, beginnt er selbst mit seiner Lebensbeichte.

Garcin hat seine Frau fünf Jahre lang gequält. Ihre Fähigkeit, klaglos zu dulden und zu leiden, ohne zu weinen, provozierte ihn zu fast perversen Grausamkeiten: So ließ er zum Beispiel sich und einer Mulattin, mit der er in seinem Haus die Nacht verbracht hatte, von seiner Frau das Frühstück ans Bett bringen. Da er seine Frau aus der Gosse geholt hatte, sah sie sich wohl in einem unterwürfigen Abhängigkeitsverhältnis zu Garcin, das dieser schamlos ausnutzte. Im Nachhinein zeigt er sich bereit zur Buße, aber unfähig zur Reue.

Inès deckt ihre Schuld schrittweise auf. Durch ihre Veranlagung sah sie sich schon „da unten“ als Verdammte. Sie lebte bei ihrem Vetter und dessen Partnerin Florence. Ihr Vetter war ein leicht verletzbarer, schwacher Mensch. So fiel es Inès nicht schwer, ihm Florence zu entfremden und sich an seine Stelle zu setzen. Als sie mit ihr zusammenzog, verkraftete der Mann die Zerstörung seiner Beziehung nicht, er wurde von einer Straßenbahn überfahren. Sechs Monate lang schürte Inès danach in sadistischer Weise Schuldgefühle in ihrer Partnerin Florence, bis diese den Gashahn aufdrehte.

Bei Estelle erweist sich die Aufdeckung ihres Verbrechens als schwieriger und erfordert eine andere Gesprächstechnik. War Garcin weitgehend von sich aus in längeren Passagen geständig, hatte Inès in einem recht konzise geführten Dialog mit Garcin ihre Vergangenheit offen gelegt, so bedarf es bei Estelle intensiver Interventionen der beiden anderen, die sich wie bei einem Verhör auf Wahrheitssuche begeben und dabei gegenüber Estelle eine Allianz des Quälens eingehen. Der Ausbruchsversuch, den Estelle unternimmt und der durch die geschlossene Tür und die nicht funktionierende Klingel von vornherein zum Scheitern verurteilt ist, führt sowohl ihren verzweifelten Zustand als auch die Ausweglosigkeit ihrer Situation dramatisch vor Augen.

Estelle ist eine Kindsmörderin. Sie hat mit ihrem Geliebten Roger fünf Monate in der Schweiz verbracht und ihre Tochter nach der Geburt in einem See ertränkt. Ihr Mann hat davon nie etwas gemerkt. Mit diesem Geständnis ist der Enthüllungs- und

Aufdeckungsprozess zunächst abgeschlossen und vorher vereinbarte Formalien zur gegenseitigen Rücksichtnahme sind überflüssig geworden.

Die Protagonisten sind nun zugleich nackt und hilflos; in dieser scheinbar hoffnungslosen Lage versucht Garcin zaghaft, einen Pakt der Solidarität mit den anderen einzugehen, und stellt die Frage, ob die drei nicht versuchen könnten, sich gegenseitig zu helfen. Inès lehnt zunächst schroff ab, wird sich aber durch einen Blick auf das Dasein auf der Erde und in eine Situation in ihrem früheren Zimmer, die sie nur erahnen kann, ihrer Hilflosigkeit bewusst und versucht im Dialog mit Garcin die Kriterien der gegenseitigen Abhängigkeit und die Rollen der einzelnen Personen in dieser Dreierkonstellation zu definieren. Sie sieht ihre Lage insofern als aussichtslos, als durch eine raffinierte Planung ein Szenario erstellt wurde, das für jede der drei Personen viele Fallen bereithält: Überall verstecken sich Fußangeln, und es ist mit Reaktionen zu rechnen, die man zwar bereits vorhersehen kann, die aber unvermeidbar sind, so dass von vornherein ein Höllenkreis festgelegt ist, aus dem es kein Entrinnen gibt. Trotzdem will Inès nicht lockerlassen und sich ihrer Verkommenheit hingeben. Sie ahnt aufgrund ihrer körperlichen Abhängigkeit, dass Estelle ihr zum Henker werden kann, weil diese ihre Annäherungsversuche abweisen wird und sich nur für Garcin interessiert; aber sie will erneut erreichen, was ihr bereits mit Florence gelungen ist, nämlich ein Gefühl des Abscheus in Estelle zu wecken, so dass diese sich von Garcin abwendet und Inès sie für sich gewinnen kann.

Garcin erkennt einen Ausweg in der Tatsache, dass Estelle ihm letztendlich gleichgültig ist, dass er sogar mit Inès Mitleid haben kann – insofern zeigt er sich bereit, ihr Angebot anzunehmen.

In diesem Moment wendet sich Estelle Hilfe suchend an Garcin. Dabei reflektiert die Position der Protagonisten, ihre räumliche Konstellation, die Gefühlssituation, in der sie sich befinden, die Abneigung oder Hinwendung, die sie empfinden: Inès steht direkt hinter Estelle und spricht ihr fast ins Ohr, ohne sie jedoch zu berühren – Estelle antwortet in Richtung Garcin, als ob er ihr die Fragen stellte und ignoriert dabei Inès:

Estelle benötigt Garcin dringend zur Selbstbestätigung und als Garant für ihre ungebrochene Attraktivität, ist sie doch eifersüchtig auf ihre Freundin Olga, die sich zu diesem Zeitpunkt mit Estelles früherem Verehrer Pierre amüsiert. Ihn zu verlieren, das will Estelles Eitelkeit nicht zulassen – Garcin soll ihr als Ersatzperson zur Bestätigung ihrer selbst dienen.

Inès genießt die Situation, weidet sich an Estelles Ängsten, rührt in ihrer Wunde, indem sie ihr Ausgegrenztsein von den irdischen Möglichkeiten betont und sie von ihrer neuen Abhängigkeit überzeugen möchte: Inès beansprucht die Rolle von Estelles früheren Liebhabern. Hilflos muss Estelle zusehen, wie Olga auf der Erde Pierre umgarnt und ihm sogar alles über Estelle erzählt, über deren Schweizaufenthalt und das Kind. In einer Art Trotzreaktion versucht Estelle ihre Niederlage zu akzeptieren, zeigt sich dazu jedoch unfähig und wirft sich als Kompensation Garcin geradezu an den Hals.

Vergeblich versucht Inès zu intervenieren: Obwohl Garcin durchaus willens ist, den mit ihr geschlossenen Pakt einzuhalten und Estelle zunächst verbal, dann physisch zurückweist, obwohl Inès Estelle mit Schmeichelworten umgarnt und ihr die Erfüllung aller Wünsche verspricht, scheitert Inès: Estelle wendet sich von ihr ab und spuckt ihr sogar ins Gesicht, um sie loszuwerden. Bezeichnenderweise macht Inès Garcin für ihr Scheitern verantwortlich, Estelle an sich zu binden, und droht ihm Rache an.

Nachdem die Beziehung zwischen Inès und Estelle nicht zustande kam, geht Garcin auf Estelles Angebot ein und versucht, sich mit ihr zu verbünden. Es ist ihm dabei durchaus bewusst, dass diese Bindung nur körperlicher Natur und sehr oberflächlich sein kann: Er geht davon aus, dass er durch seine Präsenz zufällig – oder bewusst? – zu Estelles Partner bestimmt wurde und dass diese seinen eigentlichen Problemen intellektuell nicht gerecht werden kann. Trotzdem zeigt sich Estelle so unterwürfig, dass sich Inès davon provoziert fühlt: Die Tatsache, dass sich Estelle und Garcin körperlich begehren und sich einander hingeben wollen, lässt Inès ihre Form der Hölle erfahren. Nachdem weder ihr Appell an Schamgefühl und Rücksichtnahme noch ihr Flehen, Garcin möge sein Versprechen und den mit ihr geschlossenen Pakt einhalten, Wirkung zeigen, bleibt ihr nur die Drohung, auch sie werde noch an die Reihe und damit auf ihre Kosten kommen.

Garcins Bereitschaft, sich Estelle zuzuwenden, offenbart das Dilemma, in dem er sich befindet: auch er bedarf der Selbstbestätigung, doch sie ist anderer Natur als jene bei Estelle. Ihn quält die Frage, ob er ein Feigling ist. Was Inès schon früh erkannt hat und was er zunächst schroff von sich wies, nämlich, dass er desertiert ist, bestätigt er nun im Gespräch mit Estelle: Er versuchte, im Zug zu flüchten, und wurde an der Grenze festgenommen. Seitdem grübelt er über die Gründe seines Fehlverhaltens und muss hilflos mit ansehen, wie auf der Erde im Kreise seiner Kollegen über ihn gesprochen und der Stab über ihn gebrochen wird, ohne dass er sich rechtfertigen könnte. Bei Estelle hofft er zunächst, Antwort auf seine ungelösten Fragen zu bekommen, muss aber schon bald erkennen, dass sie dazu intellektuell nicht in der Lage ist: Sie interpretiert seine Bitte um Vertrauen falsch und zeigt sich unfähig, mit ihm sein Verhalten zu analysieren, geschweige denn, ihm seine Angst zu nehmen, ein Versager zu sein. Inès' sarkastischer Kommentar, Estelle solle ihm sagen, er habe sich wie ein Löwe verhalten, als er geflohen ist, enthüllt ihre Introspektive und ihre analytischen Fähigkeiten in Bezug auf Garcins Charakter und seine Verhaltensweisen.

Inès könnte Garcin als Partnerin beim Aufdecken der Gründe seines Versagens dienen und ihm bei der Suche nach sich selbst beistehen, wenn sie dazu bereit wäre – doch zwischen beiden steht Estelle, die allein auf eine körperlich-sinnliche Beziehung fixiert ist und damit glaubt, Garcins Probleme lösen zu können. Verzweifelt versucht dieser, ihr klarzumachen, dass er eines Menschen bedarf, der an ihn glaubt und der ihm seine Würde zurückgibt, doch Estelle reduziert ihre Zuneigung auf die körperliche Begehrlichkeit Garcins und versucht, ihm durch den Hinweis, sie könne nie einen Feigling lieben, ihre Liebe zu beweisen.

Garcin, der dadurch Hoffnung schöpft und meint, durch Estelle seiner Hölle entkommen zu können, wird durch Inès' sarkastische Kommentare rasch aus dieser Illusion gerissen; er erkennt Estelles Beschränktheit und macht den absurden Versuch, der sich bis zur Panik steigert, das Zimmer zu verlassen.

Als sich die Tür tatsächlich öffnet, sieht er ein, dass eine Flucht in seiner Situation sinnlos ist, ist er doch auf das Urteil von Inès angewiesen, die allein dazu in der Lage ist, ihn von seiner Qual zu befreien. Nur sie vermag ihm zu bestätigen, dass er kein Feigling ist. Inès genießt die Macht, die sie über den anderen besitzt, muss aber erkennen, dass auch sie Garcin ausgeliefert ist: Wenn dieser sich Estelle zuwendet, beginnt für Inès ihre Form der Hölle.

Die Erfahrung einer Situation, aus der es kein Entrinnen gibt, in der es nie Nacht wird, in der jeder für den anderen zum Henker wird, bedeutet für die drei Protagonisten das Dasein in der Hölle. Gegenseitige Zuwendung ist ebenso wenig möglich wie gegenseitige Vernichtung – als Estelle mit dem Papiermesser auf Inès einsticht, demonstriert ihr diese die Sinnlosigkeit ihres Unterfangens mit dem Hinweis, dass sie schon tot sei.

Die Absurdität dieser Tat und die Tatsache, dass die drei für immer zusammenbleiben müssen und einander ausgeliefert sein werden, wie sie es bisher waren, provoziert sie zum Lachen – einem Lachen, das einem Ausbruch der Verzweiflung gleichkommt und bald einem beklemmenden Schweigen Platz macht.

Die Aufforderung Garcins «Eh bien, continuons.» (p. 95) – „Also, machen wir weiter." (S. 59) als letzter Satz des Stücks illustriert nochmals die Ausweglosigkeit einer Situation, die sich endlos, ins Unendliche fortsetzen wird.

Inhaltsübersicht

Szene 1 bis 4: Exposition

Szene 1 p. 13–21, S. 11–15	• Ein Kellner führt Garcin in den Ort des Geschehens ein. • Garcin wird mit der Situation des Eingeschlossenseins vertraut gemacht.
Szene 2 p. 22, S. 16	• Garcins Versuch, den Salon zu verlassen, scheitert. • Inès betritt das Zimmer.
Szene 3 p. 22–27, S. 17–19	• Erstes Gespräch zwischen Garcin und Inès, in dem sie ihre Identität preisgeben. • Beide erkennen ihre Lage, reagieren darauf aber unterschiedlich. • Ankunft von Estelle.
Szene 4 p. 27–29, S. 20/21	• Kontaktaufnahme zwischen Estelle, Inès und Garcin. • Abtritt des Kellners, nachdem die Runde der Protagonisten vollständig ist.

Szene 5: Hauptteil

Szene 5 p. 30–95, S. 22–59	**Aufdecken der wahren Identität und gegenseitigen Abhängigkeit der Charaktere sowie Erkennen der Ausweglosigkeit ihrer Situation.**
p. 30–43, S. 22–29	• Erfundene Lebensgeschichten der Protagonisten. • Versuche, sich miteinander zu arrangieren.
p. 43–53, S. 29–35	• Erkennen der gegenseitigen Abhängigkeit und der Notwendigkeit zur rücksichtslosen Offenheit.
p. 53–64, S. 35–41	• Enthüllung der wahren Lebensgeschichten der Protagonisten.
p. 64–95, S. 41–59	• Konsequenzen aus dem irdischen Versagen, Auswegsuche, Erkennen der Ausweglosigkeit der Lage.
p. 95, S. 59	Offenes Ende: • Weitermachen ohne Aussicht auf Erfolg.

Textanalyse und Interpretation

1 Aufbau und Textstruktur

Inhaltlicher Aufbau

Der Einakter *Huis clos* besteht aus fünf Szenen. **Die Szenen 1 bis 4** bilden die **Exposition**: Sie führen in den Ort der Handlung ein und machen mit den Personen des Stücks bekannt. Dabei ist die erste Szene am umfangreichsten, da sie neben dem Auftritt des Etagenkellners und einer ersten Vorstellung Garcins zur Präsentation der Lokalität dient. Szene 2 illustriert die Situation des Eingeschlossenseins, die Szenen 3 und 4 machen uns mit Inès und Estelle bekannt. Mit der Präsenz der drei Protagonisten auf der Bühne ist die Exposition abgeschlossen.

Den **Hauptteil** des Dramas bildet **Szene 5**. Sie ist rein formal nicht in Sequenzen untergliedert – die Handlung folgt einer **inneren Dramaturgie**, die sich in der Entwicklung des Verhältnisses der drei Personen zueinander widerspiegelt und im Aufdecken ihrer wahren Identität und ihrer gegenseitigen Abhängigkeit besteht. In dieser Hinsicht folgt *Huis clos* durchaus der klassischen Dramenstruktur und kann als **Figurendrama**[4] gesehen werden, bei dem sich das Geschehen aus dem Wesen der Protagonisten ergibt. Die Spannung für den Betrachter resultiert aus der graduellen Enthüllung der Charaktere, dem Aufzeigen ihres Versagens, sie steigt – unterbrochen durch diverse retardierende Momente (Rückblick auf das Geschehen auf der Erde, Reflexion über Auswege und Lösungsmöglichkeiten) – bis zum Moment der Einsicht in die Hoffnungslosigkeit der Lage und führt zu einem **offenen Ende**: «Eh bien, continuons.» – „Also, machen wir weiter." Die Figuren dramatisieren somit durch ihr

Verhalten zugleich ideologische Kernzüge der Sartre'schen Philosophie, weshalb *Huis clos* auch als **ideologisches Theater** *(theâtre idéologique)* bezeichnet wurde.[5]

Das offene Ende erinnert zudem an einen „offenen", nicht klar umrissenen Beginn des Dramas («Alors voilà», p. 13 – „Da sind wir also", S. 11), der Leser und Zuschauer mit einer Situation konfrontiert, die zunächst unklar erscheint – weder der Ort des Geschehens noch Herkunft und Lage des Protagonisten sind eindeutig definiert, sondern stehen am Anfang eines Prozesses, der uns mit Schuld und Versagen konfrontiert, für die es aufgrund der Verhaltensweise der Personen nach Sartre keine Lösung und Erlösung geben kann. Somit bedeutet das offene Ende ein Weitermachen ohne Aussicht auf Erfolg und reflektiert die Absurdität unseres Seins, die von Garcin, Inès und Estelle nicht überwunden werden konnte.

Huis clos ist logisch klar konzipiert und folgt in seinem strukturellen Aufbau der Selbstdarstellung und dem inneren Geschehensablauf seiner Charaktere.

Ort der Handlung

Der Ort der Handlung gibt zunächst zu Spekulationen Anlass: ein **Salon** im Second-Empire-Stil, das heißt mit einem Mobiliar, das auf die Zeit Napoleons III. (1852–1870) verweist: tapetenbezogene Wände und eine auf den Klassizismus hin ausgerichtete Dekoration mit einer Barbedienne-Bronzefigur auf dem Kamin – handelt es sich um eine Residenz mit einem Butler für vornehme Besucher, um ein Hotel für besondere Gäste, für die die Direktion Zimmer mit einem jeweils spezifischen Mobiliar reserviert hat, um ihrem internationalen Flair gerecht zu werden? Oder ist es ein Gefängnis, aus dem es kein Entrinnen gibt, in dem Folter und Tod warten? Durch eine Reihe von Andeutungen und Hinweisen («ce qu'on raconte là-bas ...», p. 14 – „Was man da unten erzählt ...", S. 11, «car enfin, si elles y étaient venues.», S. 14 – „Denn schließlich, wenn sie hierhergekommen wären …“, S. 11) wird die Lokalität rasch eingegrenzt und näher definiert, und die vorhandenen Objekte dienen ihrer Erläuterung und Sinngebung: Wir befinden uns in der **Hölle**, aber in einer Hölle einer besonderen Form oder Ausprägung, denn sie weist keine Folterinstrumente (Pfähle, Roste, Ledertrichter) auf; eine Zahnbürste ist hier genauso überflüssig wie ein Bett oder ein Spiegel, denn man bedarf keiner Hygiene und man schläft nie, allenfalls ruht man sich auf einem Sofa aus. Die Farbe dieser Kanapees ist unterschiedlich, z. B. spinatgrün oder bordeauxrot, wie in Szene 4 ergänzt wird. Der Raum hat keine Fenster, aber das Licht ist ständig an und man kann die Lampen nicht ausschalten, so dass es nie Nacht wird. Fragwürdig erscheint die Funktion des Papiermessers, da keine Bücher vorhanden sind, deren Seiten aufgeschnitten werden müssten. Auch die Bronzefigur ist zu schwer, um sie zu bewegen – allenfalls fesselt sie den Blick des Betrachters.

Man hat **keinerlei Kontakt zur Außenwelt**. Hinter den Wänden des Zimmers folgen andere Zimmer, Flure und Treppen – sonst nichts. Doch da der Mechanismus der Klingel klemmt und der Kellner auf Rufen, selbst auf ein Trommeln gegen die Tür nicht reagiert, ist ein Verlassen des Raums unmöglich. Der Schauplatz der Handlung ist also die Hölle, definiert als eine möblierte Räumlichkeit, aus der es kein Entrinnen gibt.

Zeit der Handlung

Der dramatische Ablauf des Geschehens **beinhaltet drei Zeitebenen**:

Erstens die auf der Bühne in der Aktualität der Handlung von den Protagonisten **„durchlebte“ Zeit**. Ironischerweise ist dies die Zeit nach ihrem Leben, in der sie bereits tot und irdisch nicht mehr präsent sind. Obwohl dieser Zeitbegriff nach unserem Verständnis der Ewigkeit gleichkommt und nicht eingrenzbar oder messbar ist, wird er für den Zuschauer durch das Geschehen auf der Bühne konkretisiert, nachvollziehbar und miterlebbar. Erst am Ende des Stücks wird durch den Hinweis Garcins («Eh bien, continuons», p. 95 – „Also, machen wir weiter.", S. 59) auf die Endlosigkeit der Situation und des zeitlichen Ablaufs verwiesen.

Zweitens die **„irdische" Zeit**, die die Handlungen erfasst, die simultan zum Geschehen auf der Bühne ablaufen und die dem Zuschauer durch die Schilderungen der Protagonisten, denen der Blick aus dem Jenseits auf das Diesseits gestattet ist, präsent werden: z. B. die Gespräche über Garcin in der Redaktion der Zeitung (p. 49, p. 76 f., p. 80 – S. 33, S. 48 f., S. 51), der Blick auf das Zimmer, in dem Inès mit ihrem Vetter und Florence lebte (p. 55, p. 63 – S. 37, S. 41) und das Verhalten von Olga und Pierre, das Estelles Eifersucht weckt (p. 68 f. – S. 43 f.). Der Zuschauer wird dadurch auf eine zweite Handlungsebene geführt und erlebt somit deren Abläufe in der gleichen Chronologie wie die Personen des Dramas.

Drittens die **Zeitebene der Vergangenheit**, die jene Ereignisse erfasst, an die sich die Protagonisten noch sehr gut erinnern. Sie werden dem Zuschauer durch Rückblicke vergegenwärtigt: z. B. die Vorkommnisse bei Estelles Beerdigung, Garcins Frau vor der Kaserne, der Blick auf die versiegelte Tür zu Inès' Zimmer – sie alle verdeutlichen den engen Bezug, den die einzelnen Personen nach ihrem Ableben noch zu ihrem irdischen Dasein und ihren Verhaltensweisen vor ihrem Tod haben.

Diese drei Zeitebenen gehen im Bewusstsein der Protagonisten nahtlos ineinander über und werden dem Betrachter durch ihre geschilderten Empfindungen ebenso spontan vermittelt. Diese Technik ermöglicht ihm nicht nur eine unmittelbare Teilnahme und ein Mitempfinden an den gemachten Erfahrungen, sondern gestattet auch eine intensive Introspektion in das Verhalten der Charaktere und eine damit verbundene kritische Beurteilung ihrer jeweiligen Reaktionen. Sie verdeutlicht dem Betrachter die Tatsache ihres Eingebundenseins an irdische Formen des Versagens und deren Konsequenzen nach dem Tod und illustriert dadurch die enorme Verantwortung, die dem Protagonisten in seiner Lebensgestaltung durch seine absolute Freiheit zur Selbstverwirklichung zukommt.

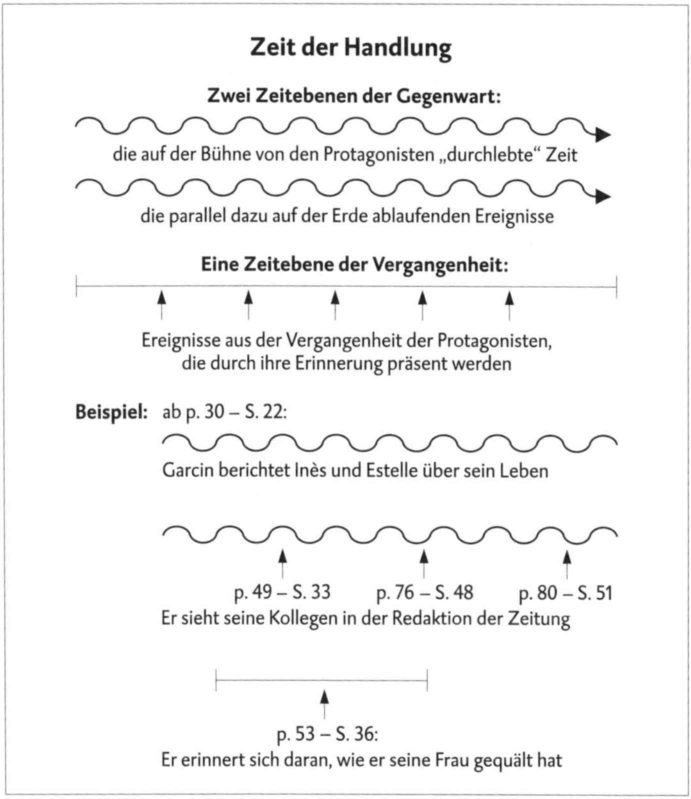

2 Charakterisierung der drei Hauptpersonen

Garcin

Wie bei den beiden anderen Protagonisten erschließen sich die Wesenszüge Garcins schrittweise durch seine Aussagen und sein Verhalten und formen sich im Laufe des Dramas zu einem eindeutigen Bild.

Die bei einigen informativen Fragen **zur Schau gestellte Selbstsicherheit und Gelassenheit** Garcins kann schon bald nicht über sein Unbehagen über seine Situation hinwegtäuschen – er reagiert «avec un geste vague et large» (p. 14) – „mit einer unbestimmten, weit ausholenden Gebärde" (S. 11), «avec une violence subite, avec colère» (p. 15) – „mit plötzlicher Heftigkeit", „wütend" (S. 12), zuckt beim Weggehen des Kellners zusammen (p. 20 – S. 15) und trommelt, nachdem er allein gelassen wurde, mit den Fäusten gegen die Tür (Szene 2). Nach dem Eintreten von Inès beruhigt er sich zunächst wieder; er zeigt sich ihr gegenüber anfangs von kühler Zurückhaltung, wird aber durch ihre Vermutung, er sei der Folterknecht, gleich wieder aus seiner Reserve gelockt. Inès lässt sich durch seine forschen Sprüche nicht blenden und erkennt sofort, dass sich hinter dieser Fassade **Angst und Unsicherheit** verbergen – der Tick Garcins, das Zucken seines Mundes, bestätigt ihre Vermutung. Die ausgesuchte Höflichkeit, mit der er auch nach dem Auftritt von Estelle seiner Situation begegnen will, kann nicht über seinen inneren Spannungszustand hinwegtäuschen. Er versucht, mit seiner Vergangenheit und damit mit sich selbst ins Reine zu kommen: Bohrende Zweifel über sein Verhalten manifestieren sich in seiner Rückschau auf seinen Arbeitsplatz in Rio (p. 32 – S. 24) und in seiner Schilderung über die Ursachen seines Todes (p. 40 – S. 27).

Seine Strategie des „In-sich-Hineinsehens" und **des Sich-Abkapselns**, die beim Zuschauer durchaus auf Verständnis stoßen und sogar eine gewisse Sympathie für ihn wecken kann, ist angesichts des Verhaltens der beiden Frauen zum Scheitern verurteilt und bricht schon bald zusammen. Plötzlich offenbart er völlig neue Charakterzüge: Er wird ordinär und aggressiv (p. 53/54 – S. 34/35) und legt mit geradezu brutaler Rücksichtslosigkeit die Gemeinheit und sadistische Freude offen, mit der er seine Frau gequält und tyrannisiert hat. Dass diese **Fähigkeit zum Quälen** Teil seines Wesens ist, zeigt er bei Estelles Lebensbeichte (p. 59 f. – S. 38 f.) – dem gegenüber steht sein geradezu verzweifeltes **Bemühen um Selbsterkenntnis** und vor allem um die Bestätigung, dass sein Verhalten anständig war und dass er kein Feigling ist. Er ist bereit, diesem Ziel alles andere unterzuordnen, sogar, sich den anderen zu unterwerfen. Er möchte mit Inès einen Pakt schließen, bekennt ihr gegenüber sein Mitgefühl (p. 66 – S. 43) und appelliert fast flehentlich an Estelle, sie möge ihm seine Integrität bestätigen (p. 82 – S. 52).

Angewidert wendet er sich ab, als sie dabei versagt. Auf primitive Weise versucht er, sich an Inès zu rächen, als diese ihn seine Ohnmacht und seine Abhängigkeit ihr gegenüber spüren lässt. Resignierend und mit verzweifeltem Trotz zugleich reagiert er schließlich auf die Ausweglosigkeit seiner Situation.

Garcin war und bleibt ein **Versager**: Durch einen nicht mehr korrigierbaren Akt der Feigheit hat er in einem entscheidenden Moment seines Lebens die Chance der Freiheit zur Selbstverwirklichung nicht genutzt. In seinem irdischen Sein versuchte er seine Fehlhaltung, seine Schwäche und Verlogenheit durch gespielte Mannhaftigkeit, durch sein Macho-Auftreten, das sich bis zur sadistischen Brutalität steigerte, zu vertuschen. Die Situation nach seinem Tod legt seine verschiedenen Defizite gnadenlos offen und zwingt ihn zum Leiden auf Ewigkeit.

Inès

Von Beginn an zeigt sich Inès sehr viel souveräner im Umgang mit ihrer neuen Situation als Garcin. Sie verzichtet auf Fragen zu dem ihr unbekannten Ambiente (p. 23 – S. 17), erkennt sofort, dass Garcin Angst hat, und schätzt ihn als Folterknecht ein (p. 23/24 – S. 18), sie akzeptiert die Lage des Eingeschlossenseins ohne erkennbare Emotionen (p. 25 – S. 18) und setzt sich über gesellschaftliche Konventionen, wie Diskretion und Höflichkeit, hinweg (p. 25/26 – S. 18/19).

Inès besticht auf Anhieb durch ihre **Fähigkeit zur nüchternen Introspektion** und **leidenschaftslosen Analyse**. Diese offensichtliche Distanziertheit Menschen und Dingen gegenüber wird mit dem Eintritt Estelles durchbrochen. Das bereitwillige Anbieten ihres Kanapees und das eilfertige Sich-ihr-Vorstellen findet seine Fortsetzung zu Beginn von Szene 5 in der Bemerkung, wie schön Estelle sei. Diese ersten Indizien, die Inès' **lesbische Natur** erkennen lassen, werden schrittweise durch weitere Hinweise, die an Deutlichkeit zunehmen, ergänzt: Sie mag Männer überhaupt nicht besonders, bietet Estelle einen Spiegel an, erkundigt sich besorgt nach ihrem Befinden (p. 44 – S. 30) und geht rasch vom formellen „Sie" zum vertraulichen „du" über. Diese verbalen Strategien zur Überwindung gegenseitiger Distanz werden ergänzt und intensiviert durch körperliche Annäherungsversuche. Inès lädt Estelle ein, neben ihr auf dem Sofa Platz zu nehmen, bittet sie, näher zu rücken, führt ihre Hand beim Nachziehen ihrer Lippen und buhlt um ihre Zuneigung. Als sie merkt, dass ihr Bemühen auf Desinteresse und sogar Widerwillen stößt, schlägt ihr Werben in Abneigung und Hass um – nicht nur gegenüber Estelle, von der sie sich zurückgewiesen fühlt, sondern auch und besonders gegenüber Garcin, in dem sie den Konkurrenten sieht, der ihrer Beziehung zu Estelle im Wege steht und sie letztlich unmöglich macht.

Die Tatsache, dass Inès bereits auf der Erde als Verdammte galt (p. 55 – S. 36), dass sie offensichtlich mit der Bewältigung ihrer Vergangenheit keine Probleme hat (p. 33 – S. 23) und dass sie ihre Lage angstfrei akzeptiert (p. 26 – S. 19), gestattet ihr ein klares Durchdenken der Situation. Ihr **analytisch-nüchterner Geist** deckt dabei konsequent die verschiedenen Aspekte des Zusammenseins dieser 3-Personen-Konstellation in der Hölle und die zu erwartenden Foltern auf und gibt die entscheidenden Impulse zu deren Verständnis: In ihrer Zusammenführung wurde nichts dem Zufall überlassen, alles ist detailgetreu geplant (p. 36 – S. 25), zur Erhellung ihrer Situation ist rücksichtslose Offenheit notwendig (p. 38 – S. 26), die von Garcin und Estelle aufgetischten Lügengeschichten werden von ihr sofort durchschaut (p. 40 – S. 27), ebenso die gegenseitigen Abhängigkeiten und die Unfähigkeit, die Präsenz des andern zu vergessen oder zu ignorieren (p. 48/49 – S. 32/33); ihre daraus resultierende Bereitschaft, „mit offenem Visier" zu kämpfen (p. 51 – S. 34) führt zur Enthüllung der wahren biografischen Ereignisse und Hintergründe der drei Protagonisten und zur Einsicht in das Wesen der Hölle, der sie preisgegeben sind. Dabei setzt Inès ihre intellektuellen Gaben und Fähigkeiten konsequent zum Foltern der anderen ein. Sie agiert aus der Erkenntnis, dass sie **gemein und böse** ist und dass sie nur existieren kann, wenn die anderen leiden. Und doch hat auch sie ihre **Momente der Schwäche** und Hilflosigkeit. Ihre körperlichen Begehrnisse machen sie einerseits anfällig, verstärken aber andererseits ihr Bedürfnis, jene, die ihr ausgeliefert sind, zu vernichten. In solch einem Augenblick der Schwäche, bedingt durch ihre Unfähigkeit, auf der Erde in einer sie durch ihr Ausgeschlossensein provozierenden Situation intervenieren zu können (p. 63/64 – S. 41), lässt sie die Bereitschaft erkennen, mit Garcin ein Bündnis einzugehen, resigniert aber schon kurz darauf in der Einsicht ihres Versagens, helfen oder gar heilen zu können. So kostet sie ihren Hass voll aus, wann immer sie dazu provoziert wird (p. 75 – S. 48) oder wenn sich dazu eine Möglichkeit bietet (p. 90/91 – S. 57).

In ihrer triebhaften Begierde und ihrem sadistischen **Bedürfnis zum Quälen**, besonders jener, die ihr nicht entgegenkommen wollen oder anders sind als sie, macht Inès Gebrauch von einem **Intellekt** und einer **Intelligenz**, die überdurchschnittlich sind, und demonstriert damit, dass Menschen aufgrund ihrer Freiheit zum Handeln zu allem fähig sind, in ihrem Fall zu Extremen im Bereich des Bösen.

Estelle

Estelle scheint bei ihrem Eintritt in den Salon noch sehr viel unmittelbarer unter dem Eindruck ihrer Vergangenheit zu stehen als Garcin und Inès. Einige Auffälligkeiten in ihrem Verhalten lassen bald die sie prägenden Charakterzüge erkennen: ein übersteigert anmutendes ästhetisches Empfinden, das **affektiert** erscheint (Ablehnung der Farbenkombination Kleid-Sofa, p. 28 – S. 20, Widerwillen gegen grobe Ausdrucksweise, p. 31, p. 41 – S. 22, S. 28, und Männer in Hemdsärmeln, p. 33 – S. 24) und Hand in Hand geht mit ihrem **sozialen Dünkel** (Zurückweichen vor Inès, als sie hört, dass diese Postangestellte war, p. 36 – S. 25). Ein gewisser **Eigensinn** und das Bedürfnis, ihren Kopf durchzusetzen (p. 37 – S. 26), mag in ihrer Attraktivität und in ihrer Lebensgeschichte begründet sein (Heirat mit einem älteren Mann, der sie verwöhnt hat). Estelles markanteste Eigenschaft scheint jedoch ihre **Eitelkeit** zu sein, das Verlangen, ihre Schönheit bestätigt zu bekommen. In Ermangelung eines Spiegels orientiert sie sich hin zu Garcin, dem sie dafür die Ersatzrolle zuschreibt – Inès' aufdringliche Angebote weist sie als unnatürlich zurück. Ihr kokettes Verhalten findet bei Garcin zunächst keinen Anklang – erst als sein Versuch, die Lage durch Selbstkontrolle und Diskretion in den Griff zu bekommen, scheitert, wendet er sich Estelle zu. Er tut dies in so vulgärer Weise, dass sie zurückweicht. Als er und Inès eine Allianz des Quälens eingehen, um ihre Lebensbeichte aus ihr herauszupressen, lässt sie die Hüllen ihres bewusst vornehmen, fast manierierten Gehabes fallen – ihre Geschichte steht in krassem Widerspruch zu ihrem bisherigen Auftreten und entlarvt sie als **gefühllose Ehebrecherin** und **skrupellose Kindsmörderin**. Ihr anschließendes Zugeständnis an Garcin («Vous pouvez rester en bras de chemise», p. 62 – „Sie können ruhig in Hemdsärmeln bleiben", S. 40) illustriert ihren neuen Status. Wie die anderen ist auch sie jetzt nackt wie ein Wurm.

Darüber hinaus wird sie zum Zielobjekt für Inès und Garcin: für Erstere durch deren Verlangen nach sinnlicher Befriedigung, für Letzteren durch die Notwendigkeit, sich in seiner Mannesrolle des tapferen Helden bestätigt zu finden. Zu beidem zeigt sich Estelle unfähig. Ihre körperliche Begehrlichkeit würde sie zwar zum Partner Garcins geradezu prädestinieren, ihre **geistige Unbedarftheit** steht dem aber im Weg. Dies ist umso tragischer, als sie so auf ihr Äußeres, ihren Körper fixiert ist, dass sie auf Garcins physische Zuwendung (angesichts des Geschehens, das auf der Erde vor ihr abläuft) angewiesen ist. Sie prostituiert sich geradezu, um ihn für sich zu gewinnen (p. 71/72 – S. 46/47), muss aber scheitern, da sie seinen eigentlichen Bedürfnissen in-

tellektuell nicht gerecht werden kann. Dazu erweist sich Inès als permanenter Störfaktor für die Realisierung dieser rein körperlichen Beziehung. Estelles Bemühen, sich ihrer Rivalin zu entledigen, steigert sich über den Versuch, sie in den Flur zu stoßen, bis zu dem absurden Verlangen, sie mit dem Papiermesser umzubringen. Die Skrupellosigkeit und Radikalität ihres Vorgehens erscheint als konsequente Fortsetzung ihres Verhaltens auf der Erde. Genauso, wie sie jetzt **keinerlei Selbstkontrolle** besitzt und sich keinen moralischen Normen verpflichtet sieht – Begriffe wie „Ehre, Vertrauen" sind ihr zur Verzweiflung Garcins völlig fremd –, lebte sie vorher ihre Freiheit körperlich hemmungslos bis zur **Vernichtung ihres Nächsten** aus und wurde so zur Verdammten.

3 Zentrale Themen und Aspekte

In *Huis clos* geht es um die Beziehung der Menschen zueinander und letztlich um die Rolle, Situation und Würde des Menschen selbst.

Zum Verständnis des Dramas ist ein kurzer Einblick in Sartres philosophisches Denken unerlässlich. In dem **atheistischen Existentialismus**, den er vertritt, existiert Gott nicht. Der Mensch aber existiert – er existiert als Entwurf, als Wesen, das in der Welt auftaucht und sich erst selbst definieren muss: Zuerst ist er nichts – erst durch seine freie Entscheidung bestimmt er sich selbst. An ihm allein liegt es, sich der Zukunft zuzuwenden und sich in Freiheit und Würde, ohne jegliche Orientierungshilfen von außen, nur durch seine Taten zu verwirklichen: „Der Mensch ist nichts anderes, als wozu er sich macht. Dies ist der Hauptsatz des Existentialismus."[6]

Für Sartre bedeutet das, dass die **Existenz der Essenz vorausgeht**, d. h. der Mensch muss erst zur Definition seiner eigenen Rolle und zu seiner Selbstfindung kommen. Er existiert in seinem Sein, ehe er sich ein Wesen schafft. Aus diesem Existenzbegriff resultiert eine enorme Verantwortung, die dem Menschen zukommt: Er hat die Chance, sich in absoluter Freiheit selbst zu verwirklichen: „Wenn aber wirklich die Existenz der Essenz vorangeht, ist der Mensch verantwortlich für das, was er ist. Somit besteht der erste Schritt des Existentialismus darin, jeden Menschen in den Besitz dessen zu setzen, was er ist, und auf ihm die gänzliche Verantwortung seiner Existenz ruhen zu lassen.“[7]

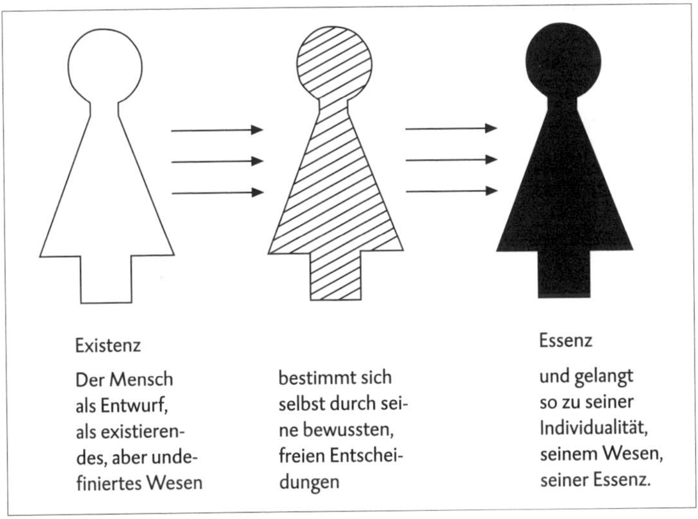

Diese Verantwortung bezieht sich jedoch nicht nur auf die **Schaffung einer ganzheitlichen Persönlichkeit** und die **Gestaltung des eigenen Lebens**, sondern sie beinhaltet auch die **Qualität der Beziehungen** zu den anderen:

> *Wenn wir sagen, dass der Mensch sich selbst verantwortlich ist, wollen wir damit nicht etwa sagen, dass der Mensch gerade nur für seine Individualität verantwortlich ist, sondern dass er für alle Menschen verantwortlich ist.*[8]

Diese Aussage führt uns zum eigentlichen und zentralen Thema von *Huis clos.*

Die Abhängigkeit vom anderen

Als Schlüsselsatz zum Verständnis des Dramas wird oft Garcins Ausruf «L'enfer, c'est les autres» – „Die Hölle, das sind die andern“ in Szene 5 hingestellt.

Sartre selbst relativiert diese Aussage in gewisser Weise und interpretiert sie wie folgt:

> *Ich wollte sagen: Die Hölle, das sind die andern. Aber dieses „Die Hölle, das sind die andern“ ist immer falsch verstanden worden. Man glaubte, ich wolle damit sagen, dass unsre Beziehungen zu andren immer vergiftet sind, dass es immer teuflische Beziehungen sind. Es ist aber etwas ganz andres, was ich sagen will. Ich will sagen, wenn die Beziehungen zu andern verquer, vertrackt sind, dann kann der andre nur die Hölle sein. Warum? Weil die andren im Grunde das Wichtigste in uns selbst sind für unsere eigene Kenntnis von uns selbst. Wenn wir über uns nachdenken, wenn wir versuchen, uns zu erkennen, benutzen wir im Grunde Kenntnisse, die die andern über uns schon haben. Wir beurteilen uns mit den Mitteln, die die andern haben, uns zu unserer Beurteilung gegeben haben. Was ich auch über mich sage, immer spielt das Urteil andrer hinein. Das bedeutet, wenn meine Beziehungen schlecht sind, begebe ich mich in die totale Abhängigkeit von andren. Und dann bin ich tatsächlich in der Hölle. Und es gibt eine Menge Leute auf der Welt, die in der Hölle sind, weil sie zu sehr vom Urteil andrer abhängen. Aber das heißt keineswegs, dass man keine andren Beziehungen zu den andren haben kann. Es kennzeichnet nur die* **entscheidende Bedeutung aller andren für jeden von uns**.[9]

Diese Abhängigkeit von anderen ist der erste zentrale Aspekt des Dramas. Die Vernetzung der drei Protagonisten und ihr Angewiesensein auf das Urteil und das Verhalten der anderen tritt im Verlauf des Stücks mit zunehmender Klarheit zu Tage: Die so souverän erscheinende Inès lässt als Erste erkennen, wie sehr sie Estelles Reizen erlegen ist, wie intensiv sie deren Existenz empfindet (vom Rascheln ihres Kleides angefangen bis zu ihrem Lächeln, p. 51 – S. 34) und wie absolut ihr Verlangen ist, sie für sich zu gewinnen. Estelle wiederum sieht sich Inès' Blicken und ihrem Urteil ausgesetzt – «Je te regarderai sans répit …» (p. 72) – „ich werde dich pausenlos ansehen …" (S. 46) und empfindet ihre Aufdringlichkeit und ihre Komplimente «mon eau vive, mon cristal» (p. 72) – „mein Quellwasser, mein Kristall" (S. 46) als widerwärtig. Andererseits kann Inès ihr ihre Attraktivität und Schönheit bestätigen oder sie durch ihre Aussagen in die Irre führen. In ihrem Urteil wird sie zum «miroir aux alouettes» (p. 48) – „Fangspiegel" (S. 32) für sie, dem sie sich durch ihre Eitelkeit und Ich-Bezogenheit ausgesetzt sieht. Ihre Begehrlichkeit, die genauso wie bei Inès primär physischer Natur ist, richtet sich auf Garcin. Als Mann könnte er ihrer Sinnlichkeit gerecht werden und sie durch seine körperliche Zuwendung von ihren Selbstzweifeln und ihrer Angst vor dem Verlust ihrer Verführungskraft befreien. Diese Fixierung Estelles auf Garcin muss in Inès das Gefühl der Abhängigkeit und zugleich der Ohnmacht,

es ausleben können, noch verstärken, obwohl Garcin von den ihm gebotenen Chancen keinen Gebrauch machen möchte. Er hat insofern keine Probleme, sich in seiner Männlichkeit bestätigt zu sehen, als er seine körperlichen Begehrnisse in seinem irdischen Dasein voll ausgelebt hat: «J'aimais beaucoup les femmes, sais-tu? Et elles m'aimaient beaucoup.» (p. 52) – „Ich habe Frauen geliebt, weißt du. Und sie haben mich auch geliebt." (S. 34). Sein Dilemma ist viel tiefgründiger, da psychischer Natur: Er sieht sich durch eine Tat, durch einen Moment der Schwäche, durch seine Flucht (p. 78 – S. 49) als Feigling und Versager gebrandmarkt. Er verkraftet die Diskrepanz zwischen seinen erträumten pazifistischen Idealen und seiner gelebten Realität nicht (p. 79/80 – S. 50/51) und betreibt vergeblich Ursachenforschung. Estelle vermag ihn in ihrer geistigen Unbedarftheit dabei nicht zu unterstützen; Inès könnte ihn durch ihren klaren Intellekt, ihr analytisches Denken und ihre Fähigkeit, im Dialog seinen Motiven auf den Grund zu gehen, helfen. Dessen ist sie sich bewusst und kostet dieses Gefühl der Stärke über den andern aus, ohne die entscheidenden Hilfen zu bieten. Garcin wiederum sieht sich durch die ihm von Estelle aufgedrängte Beziehung in einer Machtposition, in der er Inès ihre fehlende Kooperationsbereitschaft heimzahlen kann.

Das anfänglich als Zufall hingestellte Zusammensein der Protagonisten erweist sich als sorgfältig geplante Konstellation, die das Thema des **Ausgeliefertseins an den andern** überzeugend belegt.

Die Verkrustung des Menschen in Gewohnheiten

Den zweiten zentralen Aspekt des Dramas sieht Sartre im Aufzeigen der Verkrustung des Menschen in Gewohnheiten und Gebräuchen, aus denen er sich nicht zu lösen vermag und deren Einfluss so groß ist, dass er darin erstarrt und wie tot erscheint:

Das Zweite, was ich sagen möchte, ist, dass die Leute nicht wie wir sind. Die drei Personen, die Sie in Geschlossene Gesellschaft *hören werden, sind insofern nicht wie wir, als wir lebendig und sie tot sind. Natürlich, „tot" symbolisiert hier etwas. Ich wollte einfach zeigen, dass viele Leute in einer Reihe von Gewohnheiten und Gebräuchen verkrustet sind, dass sie Urteile über sich haben, unter denen sie leiden, die sie aber nicht einmal zu verändern versuchen. Und diese Leute sind wie tot. Insofern sie den Rahmen ihrer Probleme, ihrer Ambitionen und ihrer Gewohnheiten nicht durchbrechen können und daher oft Opfer der Urteile bleiben, die man über sie gefällt hat. Und daher ist ganz evident, dass sie zum Beispiel feige oder bösartig sind.*[10]

Estelle und Garcin scheinen unfähig zum Umgang mit der Wahrheit und erstarrt in einer Lebenslüge, die sie unbedingt aufrechterhalten wollen. Estelle rechtfertigt ihre Präsenz zunächst mit der Hypothese einer irrtümlichen Verdammung – «Est-ce qu'il ne vaut pas mieux croire que nous sommes là par erreur?» (p. 39) – „Ist es nicht besser zu glauben, wir sind aus Versehen hier?" (S. 26) – und sieht sich als Opfer ihrer Gutmütigkeit, da sie ihre Jugend einem alten Mann preisgegeben hat und auf ihre wahre Liebe verzichtete. Garcin wollte angeblich seinen Grundsätzen treu bleiben und erkennt kein Vergehen in der Tatsache, dass er im Krieg an seinen pazifistischen Gedanken festhielt. Allein Inès durchschaut, dass Ausflüchte und Beschönigungen in dieser Situation keinen Bestand haben können, und verzichtet auf eine erfundene Lebensgeschichte – sie bekennt sich zu ihrer Gemeinheit – «j'ai besoin de la souffrance des autres pour exister» (p. 57) – „ich kann nur existieren, wenn die anderen leiden" (S. 38) – und macht auch keinen Versuch, diese Position aufzugeben. Sie bezeichnet sich selbst als „abgestorben" und in ihrer Verkommenheit unfähig zu einem Akt guten Willlens (p. 64 – S. 41).

Die Verstricktheit in ihren persönlichen Problemkreis und die Begrenztheit ihres Blickfelds macht die Protagonisten extrem anfällig für das Urteil anderer. Damit geben sie ihre Individualität auf und suchen ihre Selbstbestätigung nicht durch neue Initiativen und Veränderungen ihrer Verhaltensweisen, sondern durch das Urteil des andern. Die Abhängigkeit von einem Spiegel, der ihnen ihr wahres Gesicht zeigen soll, illustriert diese **Preisgabe ihrer eigenen Kritikfähigkeit** symbolhaft.

Garcin registriert das Fehlen eines Spiegels, als er von Inès auf seine Angst angesprochen wird und sich ansehen möchte, um seine Reaktionen verifizieren und kontrollieren zu können; Estelle ist geradezu besessen von der Notwendigkeit, sich im Spiegel zu sehen und ihre Schönheit bestätigt zu finden (p. 44 – S. 30), und Inès wird zum „Fangspiegel" für sie und demonstriert damit ihre Machtstellung und den Mangel an autonomem Entscheidungsvermögen und an Selbstkritik Estelles – Eigenschaften, die nötig sind, um den einzelnen zur Veränderung seiner festgefahrenen Positionen zu veranlassen. Dieses Versagen degradiert die Protagonisten zu einem „lebendigen Totsein":

> *Wenn sie angefangen haben, feige zu sein, so wird nichts die Tatsache ändern, dass sie feige waren. Deswegen sind sie tot, deswegen, damit soll gesagt werden, dass es ein lebendiges Totsein ist, wenn man von der ständigen Sorge um Urteile und Handlungen umgeben ist, die man nicht verändern will.*[11]

So ist Garcins Akt der Feigheit eine Tatsache, die er nicht revidieren kann, die er aber vergeblich zu rechtfertigen sucht; sein Bestreben, bei anderen um Unterstützung zu werben, macht die Tat nicht ungeschehen und wird auch nicht dazu beitragen, ihn aus seinem Fehlverhalten und seiner Unaufrichtigkeit herauszuführen.

Estelle und Inès unternehmen erst gar nicht den Versuch, aus ihrer Verdorbenheit auszubrechen – ihre Appelle an den andern sind letztlich ein Akt zur Befriedigung ihres So-Seins, nicht das Bestreben, sich zu verändern oder ihre Schwäche überwinden zu wollen.

So dient die Beschäftigung mit dem andern letztlich nur der Selbstbestätigung – Versuche zum Aufbau einer positiven Beziehung, sei es durch diskretes Verhalten (p. 42 – S. 28), durch den Appell an den guten Willen und den Aufruf zu gegenseitiger Unterstützung (p. 64 – S. 41) oder zum Schließen eines Paktes der Solidarität gegen einen Dritten (p. 67 – S. 43) bis hin zur flehentlichen Bitte um Hilfe (p. 87 – S. 55) müssen, bedingt durch diese egozentrische Grundhaltung, scheitern – mehr noch: Sie provozieren den andern zur negativen Reaktion und rufen Abscheu und Widerwillen hervor (p. 85 – S. 54).

Die Chance des Menschen zur Selbstverwirklichung in Freiheit

Und doch hat der Mensch in dieser Welt und ihrer Absurdität die Chance zur Selbstverwirklichung in absoluter Freiheit – dies ist der dritte zentrale Aspekt zum Verständnis von *Huis clos:*

> *So dass ich also, da wir ja lebendig sind, durch das Absurde die Bedeutung der Freiheit habe zeigen wollen, das heißt der* **Veränderung des Handelns durch andre Handlungen**. *In welchem Teufelskreis wir auch immer sind, ich denke, wir sind frei, ihn zu durchbrechen. Und wenn die Menschen ihn nicht durchbrechen, dann bleiben sie, wiederum aus freien Stücken, in diesem Teufelskreis. Also begeben sie sich aus freien Stücken in die Hölle.*[12]

Diese Chance des Menschen ist für Sartre von primärer Bedeutung. In dieser **Unabhängigkeit und Selbstverantwortung** sieht er einen neuen Humanismus, den er nicht müde wird zu verkünden:

> *So bin ich für mich selbst und für alle verantwortlich und schaffe ein bestimmtes Bild des Menschen, das ich wähle; indem ich mich wähle, wähle ich den Menschen.*[13]

Der Mensch sieht sich mit seiner absoluten Freiheit konfrontiert, und es bedarf der Suche nach dem Weg zur Erkenntnis und zur Tat, um sein Leben überzeugend zu gestalten. Darin versagen die drei Protagonisten von *Huis clos.* Sie flüchten in die Unwahrhaftigkeit, ergehen sich in Selbstmitleid und zeigen sich unfähig, den Teufelskreis gegenseitiger Abhängigkeiten zu durchbrechen. Durch ihr Verhalten und ihre gestörten Beziehungen offenbaren sie den Missbrauch der Freiheit und Formen des Versagens, die sowohl selbstzerstörerisch als auch zerstörerisch für den Nächsten sind:

Garcin leidet unter seiner Unaufrichtigkeit, die ihm ein Eingeständnis seiner Schwächen unmöglich macht und die sich von Ausflüchten – «Je n'avais pas tout à fait refusé» (p. 77) – „Ich hatte mich nicht ganz geweigert" (S. 49) – über Selbstvorwürfe (p. 79/80 – S. 51) und resignierende Erkenntnisse (p. 81 – S. 52) bis zu naiven Illusionen (p. 82 – S. 53) ergeht. Diese Schwäche steht in frappierendem Gegensatz zu der Brutalität, die er im Umgang mit den anderen an den Tag legte, und zu einem fast sadistischen Vergnügen, das es ihm bereitet, andere zu quälen. In beiden Verhaltensformen offenbart sich ein Missbrauch des kostbaren Gutes menschlicher Freiheit, der zur Begründung dafür wird, dass Garcin seine Form der Hölle erfahren muss.

Die Oberflächlichkeit von Estelles Natur, ihr sozialer Dünkel, ihr Egoismus und ihre Eitelkeit gestatteten ihr nie eine tiefe Beziehung zum Nächsten und die Erfahrung gefühlsbegründeter Liebe. Ihre geistige Unbedarftheit und ihre penetrante Sinnlichkeit setzen sich in ihren Beziehungen zu Garcin und Inès fort. Auch sie war zu kaltblütigem Quälen, sogar zum Mord fähig und lässt in der Retrospektive keinerlei Gefühlsregungen oder gar Mitleid und Bedauern erkennen. In ihrem Verhalten offenbart sich ein radikaler Missbrauch der Freiheit, der den Gedanken verantwortungsvoller Selbstverwirklichung pervertiert. Die sich daraus für sie in logischer Konsequenz ergebende Form der Hölle führt sie zu Gesten absurder Verzweiflung.

Inès stellt sich von Beginn an ihrer Hölle in der Erkenntnis, dass sie als Verdammte schon in ihrem irdischen Dasein chancenlos war und ihre Fähigkeiten zur Vernichtung der anderen hemmungslos auslebte. Sie bekennt sich zu ihrer Natur des Bösen und unternimmt keinerlei Korrektur- oder Ausbruchsversuche. Freiheit bedeutet für sie, die Macht über die anderen zu deren Qual oder Zerstörung zu benutzen. Sie empfindet sadistisches Vergnügen an ihrem Fehlverhalten und kostet es umso stärker aus, je mehr sie sich als Opfer der beiden anderen sieht.

> *Sie sehen also,* **Beziehungen zu den andren, Verkrustung und Freiheit, Freiheit als die nur angedeutete andre Seite**, *das sind die drei Themen des Stücks. Ich möchte, dass man sich daran erinnert, wenn man den Satz hört: Die Hölle, das sind die andern.*[14]

In dieser Hölle sind Garcin, Inès und Estelle gefangen – «Nous nous courrons après comme des chevaux de bois, sans jamais nous rejoindre» (p. 66) – „Wir rennen hintereinander her wie Karussellpferde, die sich nie einholen" (S. 42). Sie sind in dieser Situation festgefahren, können aus ihr nie ausbrechen und keine Erlösung finden.

4 Sprache und Gestik

Obwohl sich der Text von *Huis clos* als relativ leicht zugänglich erweist, verfügt das Theaterstück über eine atmosphärische Dichte und vermittelt eine inhaltliche Spannung, die im Wesentlichen aus seiner sprachlichen Dramaturgie resultieren. Wortschatz und Satzstrukturen sind zwar eher reduziert als differenziert, aber zugleich von solcher Signifikanz, dass sie sich **zielgerichtet** und **funktional** dem zentralen Thema unterordnen und so ein gesamtheitliches Kunstwerk schaffen, in dem Aussagen und Botschaft des Autors mit großer Klarheit vermittelt werden.

Die Existenz und der Hintergrund der „Menschen-Hölle" implizieren ein **Vokabular der Bedrohung, der Angst, des Leidens** und **der Qualen** verschiedenster Intensität. Zu der nominalen Charakterisierung der Hölle und der Torturen durch die traditionellen Attribute wie «les pals, les grils, les entonnoirs de cuir, les brodequins, les tenailles, le plomb fondu, les pincettes, le garrot, le soufre, le bûcher» – „die Pfähle, die Roste, die Ledertrichter, die Beinschrauben, die Zangen, das flüssige Blei, die Halseisen, der Knebel, der Schwefel, der Scheiterhaufen“ treten die Sartre'schen Formen ihrer Ausprägung durch den Henker bzw. Folterknecht – «le bourreau» – und die Opfer – «les victimes» – in ihren unterschiedlichen Verhaltensformen. Dabei erfasst die Skala des Leidens einen weiten Bereich von Gefühlen, der verbal auf differenzierte Weise verdeutlicht wird – er erstreckt sich von der anfänglichen Unsicherheit und Angst («avoir peur, être soupçonneux» – „Angst, Argwohn empfinden“) und die Manifestation von Schmerz und Pein («souffrir, pleurer, gémir, crier, supplier, suffoquer» – „leiden, weinen, stöhnen, schreien, flehen, ersticken“) über das Zurschaustellen von Widerwillen, Ekel und Abscheu («détester, dégoûter» – „verabscheuen, anwidern“) bis zur Todesqual («brûler, déchirer, damner, fusiller, tuer, mourir» – „verbrennen, zerreißen, verdammen, erschießen, töten, sterben“).

Eine Reihe von Substantiven illustriert sowohl die Rolle der Protagonisten – «bourreau, monstre, victime, lâche» – „Folterknecht, Ungeheuer, Opfer, Feigling“ – in der Situation, der sie sich ausgesetzt sehen – «l'enfer, le piège» – „die Hölle, die Falle“ –, als auch die Formen des Leidens, die sie auslösen oder erdulden müssen: «le cauchemar, la torture, le malheur» – „der Alptraum, die Qual, das Unglück“ und die Reaktionen, die sie dabei zeigen: «le sanglot, les larmes, le chagrin, la honte, le désespoir, la haine» – „das Schluchzen, die Tränen, der Kummer, die Scham, die Verzweiflung, der Hass“.

Die **Wahl der Adjektive** verdeutlicht die Unerträglichkeit dieser Lage in prägnanter Form, wobei auch hier eine **deutliche Abstufung in der Stärke der Empfindungen** gegeben ist: Die Eigenschaftswörter charakterisieren das Angewidertsein («tu es moite, molle» – „du bist klebrig, wabblig“) ebenso, wie sie menschliche Gemeinheiten registrieren («méchant, laid, ignoble, indécent, pourri» – „gemein, hässlich, widerlich, unanständig, verdorben“) oder Abscheu und Entsetzen ausdrücken («choquant, agaçant, insupportable» – „schockierend, unangenehm, unerträglich“) und kompromisslos verurteilen («coupable, damné» – „schuldig, verdammt“).

Die diversen, zuweilen extremen Verhaltensweisen und Stimmungslagen der Protagonisten finden somit den ihnen jeweils adäquaten Ausdruck in den ihnen entsprechenden sprachlichen Formulierungen. Den unbarmherzigen, drastisch gestellten Fragen Garcins nach Estelles wahrer Geschichte («Ce type au visage fracassé ...», p. 58 – „Dieser Kerl mit dem zerschmetterten Gesicht ...“, S. 38, «C'est ça qui lui a emporté la tête?», p. 59 – „Das hat ihm den Kopf weggerissen?“, S. 38) steht die von ihr nur angedeutete Ermordung ihres Kindes gegenüber: «Il s'est penché sur le balcon et il a vu des ronds sur le lac» (p. 61) – „Er hat sich über den Balkon gebeugt, und er hat die Ringe auf dem Wasser gesehen“ (S. 40).

Estelles Stimmungsschwankungen artikulieren sich in divergierenden Äußerungen, von ihrer Ablehnung Inès gegenüber (p. 72 – S. 46) über die direkte und primitive erotische Hinwendung zu Garcin (p. 92 – S. 58) bis zum Ausbruch des Entsetzens über ihre gnadenlosen Peiniger (p. 59 – S. 39).

Der zögernde Vorschlag **Garcins** zu gegenseitiger Solidarität – «Est-ce que nous ne pourrions pas essayer de nous aider les uns les autres?» (p. 63) – „Könnten wir nicht versuchen, uns gegenseitig zu helfen?“ (S. 41) – erfährt seine Fortsetzung und steigert sich bis zum flehentlichen Appell um Hilfe zur Selbstbestätigung (p. 82 – S. 52). Andererseits steht Garcins Vorschlag in schroffem Gegensatz zu seiner geradezu brutalen Selbstenthüllung: «Je rentrais saoul comme un cochon» (p. 53) – Ich kam stockbesoffen nach Hause“ (S. 35/36).

Inès steht in ihren Äußerungen zwischen ihrer zärtlichen Hinwendung zu Estelle (p. 72 – S. 46/47), dem unverblümten Ausdruck ihres sensuellen Begehrens («ta bouche d'enfer», p. 47 – „dein Höllenmund“, S. 31) und ihrer Ablehnung und Zurückweisung Garcins, die von rücksichtsloser Offenheit (p. 83 – S. 53), ironischer Kälte (p. 84 – S. 53) und bitterem Sarkasmus (p. 78 – S. 50) geprägt sind.

Trotz der durch sie vermittelten Fülle verschiedenster Emotionen bleibt die Sprache Sartres von **kraftvoller Nüchternheit**. Zahlreiche Wendungen aus dem *français familier* verweisen zudem auf den sozialen Hintergrund der Protagonisten und verdeutlichen durch den sprachlichen Umgang mit dem andern bestimmte Charakterzüge der Hauptpersonen:

une gueule de bourreau (p. 62) – Folterknechtfresse (S. 40), elle a eu le toupet (p. 70) – sie hat die Frechheit (S. 45), salaud (p. 76) – Schwein (S. 49), je m'en foutais de l'argent (p. 89) – mir war Geld egal (S. 56), elle en crèvera (p. 92) – sie wird platzen (S. 58).

Der des Öfteren **elliptische Stil**, also die unvollendeten Sätze, beziehen den Zuschauer und Leser in besonderer Weise in den Dramenablauf ein – sie öffnen seiner Vorstellungskraft Spielraum, indem sie zur gedanklichen Ergänzung bereits angedeuteter Sachverhalte provozieren («Estelle: Vous êtes …», p. 30 – „Estelle: Sie sind …“, S. 22, «Inès: Qu'est-ce que …», p. 31 – „Inès: Was …“ S. 22) oder Spekulationen Raum geben (die Äußerungen von Estelle p. 27, 30 – S. 20, 22).

Eine besondere Funktion und Bedeutung kommt den durch zahlreiche Regieanweisungen festgelegten **Gesten** zu, die den einzelnen Akteuren zugewiesen werden.

Sie dienen zur **Unterstreichung von Gemütslagen** und vermitteln eine breite Skala von Gefühlen. Dabei stehen einige wenige positive Empfindungen (das Ersuchen um Hilfe, das Spenden von Trost und Zuneigung, der Ausdruck des Begehrens) einer Fülle negativer Emotionen gegenüber, welche sich von Unsicherheit, Gleichgültigkeit, Erstaunen, Ungeduld, Trotz, Ablehnung, Erschrecken über Aggressivität, Angst und Wut bis hin zur Verzweiflung erstrecken.

Des Weiteren legen Gesten und Bewegungen bestimmte Charakterzüge offen oder dienen dem Aufdecken des Ungesagten (p. 36, 44, 46 – S. 25, 30, 31), zur Provokation (p. 72, 75, 86, 91 – S. 47, 48, 54, 57), zum Ersatz verbaler Äußerungen (p. 71 – S. 46) oder in einer besonders relevanten räumlichen Konstellation zur Illustration eines brisanten dramatischen Vorgangs (p. 50, 67 – S. 33, 43).

Sprache und Gestik ergänzen sich so in ihrer jeweils spezifischen Aussagekraft zur Gestaltung des szenarischen Ablaufs und schaffen ein Drama von ungemeiner inhaltlicher und atmosphärischer Dichte.

5 Interpretation von Schlüsselszenen

Huis clos, p. 40–43 (Inès: Je vois. – Estelle: D'accord)
Geschlossene Gesellschaft, S. 27–29 (Inès: Ich sehe. – Estelle: Einverstanden.)

Inès spricht schonungslos aus, was bisher immer umschrieben oder tunlichst vermieden wurde: die drei befinden sich in der Hölle, und dafür muss es Gründe geben, denn niemand kommt umsonst in die Hölle:

> *Nous sommes en enfer, ma petite, il n'y a jamais d'erreur et on ne damne jamais les gens pour rien. (p. 40) – Wir sind in der Hölle, meine Kleine, es kommt nie ein Versehen vor, und die Leute werden niemals für nichts verdammt. (S. 27)*

Die Reaktion der beiden anderen zeigt, dass sie nicht gewillt sind, sich zu ihrer Schuld zu bekennen – sie wollen davon nichts hören. Estelle verwehrt sich zunächst gegen die von Inès verwendete Sprache (die im Widerspruch zu ihrem auf Etikette bedachten Wesen steht und die ihr hier als willkommene Ausflucht dient, der für sie unangenehmen Situation zu entkommen), was Inès aber allenfalls zu weiteren Provokationen führt: sarkastisch nennt sie Estelle eine «petite sainte» (p. 41) – „eine kleine Heilige" (S. 28) – und Garcin «le héros sans reproche» (p. 41) – „den untadeligen Helden" (S. 28). Sie nimmt damit Bezug auf die Selbstdarstellung der beiden und entlarvt sie als Täuschung. Sie geht so weit, dass sie sagt, dass die drei – und sie bezieht sich mit ein – Menschen zu Tode gequält haben und dass ihnen dies sogar Vergnügen bereitet habe. Mit dieser Aussage provoziert sie Garcin und lockt ihn aus der Reserve, die er sich selbst auferlegt hat. Garcins Reaktion überrascht sie zunächst, bestätigt aber die Richtigkeit ihrer Worte, nämlich, dass sie Täter sind, keine Unschuldigen, und bringt sie auf die richtige Spur ihres Hierseins und der Konstellation ihres Beisammenseins – kurz und logisch analysiert sie die wesentlichen Aspekte ihrer Situation:

Sie sind in der Hölle, aber wie in Szene 1 bereits angesprochen, gibt es keine körperliche Folter: «les pals, les grils, les entonnoirs de cuir» (p. 15) – „Pfähle, Roste, Ledertrichter" (S. 12), und auch keinen Henker oder Folterknecht. Zudem sind sie eingeschlossen: Niemand kann den Ort verlassen, niemand darf sich zu ihnen gesellen. Daraus schließt sie: «Le bourreau, c'est chacun de nous pour les deux autres.» (p. 42) – „Der Folterknecht ist jeder von uns für die beiden andren." (S. 28) Sarkastisch sieht sie dies als eine raffinierte Idee, als kluge Inszenierung, die im Sinne einer Personaleinsparung auf alles Überflüssige verzichtet und wie in einem Restaurant mit Selbstbedienung auf die Eigeninitiative der Kunden vertraut. Sie revidiert damit das traditionelle Bild und Klischee von der Hölle als Glutofen, Feuer- und Folterkammer mit einem Regiment von Teufeln, die sich immer neue Qualen für die Gepeinigten ausdenken, im Sinne Sartres, dessen Vorstellung von Hölle nicht mit dieser konventionellen Deutung vereinbar ist, sondern der ihre Funktion durch die Präsenz des oder der anderen wahrgenommen und verwirklicht sieht.

Garcin erkennt dieses Gefühl der Abhängigkeit vom andern und das damit verbundene Risiko sofort. Er zieht daraus die Konsequenzen, indem er seine in der dritten Szene entwickelte Strategie wieder aufgreift und sogar noch vertieft: Ging er vorher davon aus, dass man das Zusammensein durch gegenseitige Rücksichtnahme und ausgesuchte Höflichkeit erträglich gestalten könne, so sucht er jetzt die totale Isolation:

Alors voilà: chacun dans son coin; c'est la parade. Vous ici, vous ici, moi ici. Et du silence. Pas un mot: ce n'est pas difficile, n'est-ce pas? (p. 42) – Also: jeder in seine Ecke; das ist die Gegenwehr. Sie hier, Sie hier, ich da. Und Schweigen. Kein Wort: Das ist nicht schwer, nicht wahr? (S. 28)

Er handelt dabei in bester Absicht, geht allerdings von seiner eigenen Befindlichkeit und Gemütslage aus. Ihm wird diese Passivität sehr leicht fallen: «Je crois que je pourrais rester dix mille ans sans parler.» (p. 42) – „Ich glaube, ich könnte zehntausend Jahre dasitzen, ohne zu reden.“ (S. 28) Wie schwer sie zu realisieren sein wird, zeigt sich an der Reaktion Estelles, die nur zögernd zustimmt. Auch die rasche Einwilligung von Inès wird nach ihrem vorher so klar analytischen Vorgehen und ihrer absoluten Einsicht in ihre Situation nur provisorischen Charakter haben können.

Huis clos, p. 51–53 (Inès: Ah! oublier. – Garcin: Je ne suis pas très joli.)
Geschlossene Gesellschaft, S. 33–35 (Inès: So! Vergessen … – Garcin: Ich bin nicht sehr hübsch.)

Inès erkennt, dass es sinnlos ist, den anderen ignorieren zu wollen; seine Existenz ist von einer provozierenden und geradezu verletzenden Aufdringlichkeit, der man sich nicht entziehen kann:

Je vous sens jusque dans mes os. Votre silence me crie dans les oreilles. Vous pouvez vous clouer la bouche, vous pouvez vous couper la langue, est-ce que vous vous empêcherez d'exister? (p. 51) – Ich spüre Sie bis ins Mark meiner Knochen. Ihr Schweigen brüllt mir in den Ohren. Sie können sich den Mund zukleben, Sie können sich die Zunge abbeißen, können Sie sich deshalb daran hindern zu existieren? (S. 33)

Diese Präsenz verpflichtet zu ständigem Agieren und Reagieren, zur Selbstbehauptung unter extremer psychischer Belastung. Das Leben fordert vom Einzelnen diese Bewährung, ohne ihm externe Hilfen und Orientierungspunkte zu bieten.

Offensichtlich waren die Protagonisten von *Huis clos* dieser Herausforderung nicht gewachsen. Die Dramaturgie des Geschehens wird nun ein Offenlegen der Gründe ihres Versagens fordern. Inès provoziert dies durch weitere Aussagen, die belegen, wie sehr der andere in die Privatsphäre einzudringen vermag: «Vous avez beau vous rencogner sur votre canapé, vous êtes partout, les sons m'arrivent souillés parce que vous les avez entendus au passage.» (p. 51) – „Sie können sich noch so sehr auf Ihrem Sofa verkriechen, Sie sind überall, die Laute kommen besudelt bei mir an, weil Sie sie unterwegs gehört haben." (S. 34) – und wie er die eigenen Pläne durchkreuzt: «Et elle? elle? vous me l'avez volée.» (p. 51) – „Und die da? Die? Die haben Sie mir auch weggenommen." (S. 34)

So muss die absolute Ehrlichkeit im Umgang miteinander zur logischen Konsequenz werden:

Je veux choisir mon enfer; je veux vous regarder de tous mes yeux et lutter à visage découvert. (p. 51) – Ich will meine Hölle wählen; ich will Sie mit offenen Augen ansehen und mit offenem Visier kämpfen. (S. 34)

Mit dieser Strategie gelingt es ihr, Garcin aus seiner Reserve zu locken und zur Aufgabe seiner Taktik zu zwingen. Das Offenlegen der eigenen Identität wird gleichzeitig das Versagen der drei Personen enthüllen, ihrer Aufgabe der Selbstverwirklichung in Freiheit und Würde gewachsen gewesen zu sein. Dabei kann mit absoluter Schonungslosigkeit vorgegangen werden:

De la politesse, pourquoi? Des cérémonies, pourquoi? Entre nous? Tout à l'heure nous serons nus comme des vers. (p. 52) –

Höflichkeit, wozu? Formen, wozu? Unter uns hier! Gleich werden wir nackt sein wie Würmer. (S. 34)

Garcin reagiert zunächst ungehalten und aggressiv, weil er aus seinem Versuch, durch Rückschau auf frühere Ereignisse Klarheit über sein Verhalten, sein Versagen und letztlich über sich selbst zu erlangen, gerissen wurde:

Gomez parlait, debout entre les tables, tous les copains du journal écoutaient. En bras de chemise. Je voulais comprendre ce qu'ils disaient, c'était difficile: les événements de la terre passent si vite. (p. 52) – Gomez stand zwischen den Tischen und sprach, alle Kollegen von der Zeitung hörten zu. In Hemdsärmeln. Ich wollte verstehen, was sie sagten, das war schwierig: Die Ereignisse der Erde gehen so schnell vorüber. (S. 35)

Doch dann möchte er durch radikale Offenheit Einsicht nicht nur in sich selbst, sondern auch in Inès und Estelle gewinnen und sieht darin eine Möglichkeit, die Torturen, die auf die drei Eingeschlossenen warten, zumindest abzumildern:

Toi, la blonde, commence. Pourquoi? Dis-nous pourquoi: ta franchise peut éviter des catastrophes; quand nous connaîtrons nos monstres … Allons, pourquoi? (p. 53) – Du, Blonde, fang an. Warum? Sag uns, warum. Deine Offenheit kann Katastrophen verhindern; wenn wir unsere Monster kennen … Also, warum? (S. 35)

Nachdem Estelle offensichtlich nicht bereit ist, seiner Aufforderung nachzukommen, ergreift er selbst die Initiative und beginnt mit seiner Lebensbeichte.

Huis clos, S. 86–91 (Garcin: Ouvrez! Ouvrez donc! – Inès pousse un cri.)
Geschlossene Gesellschaft, S. 54–57 (Garcin: Aufmachen! Aufmachen! – Inès stößt einen Schrei aus.)
Alle Formen körperlicher Foltern und Leiden (Beinschrauben, Zangen, flüssiges Blei, Halseisen) wären Garcin lieber als diese innere Qual, die ihn nicht zur Ruhe kommen lässt. In dem Maß, in dem sich der gegenseitige Hass ins Unerträgliche steigert, treten auch die gegenseitigen Abhängigkeiten immer klarer zu Tage, so dass Inès folgerichtig erkennt: «Nous sommes inséparables.» (p. 87) – „Wir sind unzertrennlich." (S. 55)
Auch Garcin sieht das ein: Als unvermittelt die Tür aufgeht, weigert er sich, das Zimmer zu verlassen. Er weiß, dass er von Inès abhängig ist. Sie allein kann ihm sagen, ob er ein Feigling ist oder nicht. Deshalb geht er auch nicht auf Estelles Appell ein, die von ihr gehasste Inès nach draußen zu stoßen. In ihrer Präsenz sieht er seine einzige Chance. Wenn es ihm gelingt, sie zu überzeugen, dass er kein Feigling ist, dann ist er gerettet. Inès scheint bereit, ihm diese Möglichkeit zu eröffnen, warnt ihn aber: «Ce ne sera pas facile. Regarde-moi: j'ai la tête dure.» (p. 89) – „Das wird nicht leicht sein. Sieh mich an: Ich bin hartnäckig." (S. 56)

Immerhin hat Garcin Zeit, alle nur denkbare Zeit an diesem Ort, aus dem es kein Entrinnen gibt. Er reduziert sein Problem auf die Kernfrage: «Peut-on juger une vie sur un seul acte?» (p. 89) – „Lässt sich ein Leben nach einer einzigen Tat beurteilen?" (S. 56) Diese quälende Frage reflektiert das Grundproblem, vor das sich der Sartre'sche Mensch in seiner Existenz gestellt sieht: das der Selbstverwirklichung in völliger Autonomie, ohne vorgefertigte Haltungen und Orientierungspunkte. Garcin ist dieser enormen Verantwortung offensichtlich nicht gerecht geworden. Er konnte das von ihm gewählte Ideal des Heldentums nicht verwirklichen. «On est ce qu'on veut.» (p. 90) – „Man ist, was man will." (S. 56) Diese Rechtfertigung ist nicht ausreichend, wie Inès sofort erkennt: «Seuls les actes décident de ce qu'on a voulu.» (p. 90) –

„Nur Taten entscheiden über das, was man gewollt hat." (S. 57)

Das Wollen allein genügt nicht, es muss durch Taten belegt werden. Darin hat Garcin im entscheidenden Moment versagt – er hat seine Bewährungsprobe nicht bestanden und eine zweite Chance wird er nicht bekommen, sein Leben ist abgeschlossen:

> *«Le trait est tiré, il faut faire la somme. Tu n'es rien d'autre que ta vie.» (p. 90) – „Der Strich ist gezogen, fehlt nur noch die Summe. Du bist nichts andres als dein Leben." (S. 57)*

Auch der Herausforderung, Inès von seiner Lauterkeit zu überzeugen, kann Garcin nicht gerecht werden – im Gegenteil: Die Tatsache, dass Inès in dieser Situation die entscheidende Rolle für seine Kenntnis von sich selbst spielt, lässt ihn seine Form der Hölle erfahren – er ist ihr ausgeliefert und sie hält ihn, so schwach sie ist, durch ihre Fähigkeit zur enthüllenden Analyse seines Charakters in ihren Händen. Sie kennt den Preis des Bösen, sie wird zur Instanz, die befreien oder verurteilen kann – und sie zeigt sich nicht kompromissbereit. Sie genießt ihr Privileg, den anderen zu beherrschen und ihn richten zu können.

Doch Estelle gibt ihr sogleich zu verstehen, dass auch sie nicht frei ist: Als Gefangene ihrer Triebe ist sie von Estelle abhängig – und sie erfährt ihre Form der Hölle, wenn Garcin sich Estelle körperlich zuwendet; dies wird seine Form der Rache sein: «Tu me tiens, mais je te tiens aussi.» (p. 91) – „Du hältst mich gefangen, aber ich dich auch." (S. 57)

Damit kristallisiert sich der auf S. 52 dargestellte Höllenkreis gegenseitiger Abhängigkeiten und Foltermöglichkeiten heraus.

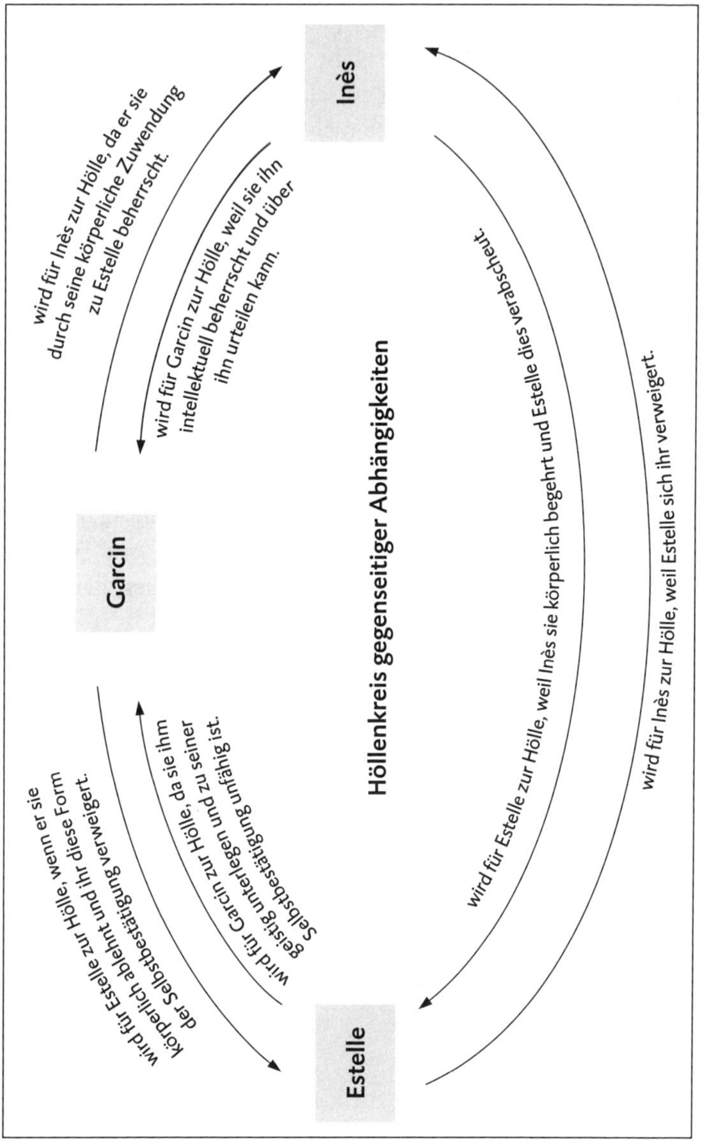
Höllenkreis gegenseitiger Abhängigkeiten
Inès
Garcin
Estelle
wird für Inès zur Hölle, da er sie durch seine körperliche Zuwendung zu Estelle beherrscht.
wird für Garcin zur Hölle, weil sie ihn intellektuell beherrscht und über ihn urteilen kann.
wird für Estelle zur Hölle, wenn er sie körperlich ablehnt und ihr diese Form der Selbstbestätigung verweigert.
wird für Garcin zur Hölle, da sie ihm geistig unterlegen und zu seiner Selbstbestätigung unfähig ist.
wird für Estelle zur Hölle, weil Inès sie körperlich begehrt und Estelle dies verabscheut.
wird für Inès zur Hölle, weil Estelle sich ihr verweigert.

Rezeptionsgeschichte

Die Veröffentlichung von *Huis clos* (1944) steht zeitlich zwischen dem Erscheinen von zwei philosophischen Hauptwerken des Autors, *L'Etre et le Néant* (1943) und *L'existentialisme est un humanisme* (1946) und markiert neben *Les Mouches* (1944) den ersten Höhepunkt im dramatischen Schaffen Sartres. Nicht zu Unrecht stellt Bernard-Henri Lévy bei seiner intellektuellen Analyse[15] die Frage, ob das zu Ende gegangene Jahrhundert das Zeitalter Sartres war, da sich Anhänger wie Gegner darin einig sind, dass dieser als Lehrer, Philosoph, Romancier, Dramaturg, Journalist und als engagierter Kritiker wie kein zweiter diese Periode prägte und als unermüdlicher Arbeiter, als «machine à produire des mots», wie er sich selbst nannte, zum repräsentativen Denker seiner Epoche wurde.

Die Nachkriegsgeneration sah in ihm eine Kultfigur. Als Iris Murdoch ihn 1945 in Brüssel traf, sagte sie nach ihrer kurzen Begegnung: „His presence in the city was like that of a pop star."[16] Als Anführer einer militanten Intellektuellenbewegung verkörperte Sartre die Revolte seiner Zeit gegen soziale Konventionen und erstarrte Denkschemen, provozierte und begeisterte durch seine Schriften. Dass die Freiheit des Gewissens ihm zur obersten Maxime wurde und eine durch die Kriegserlebnisse und den totalen Zusammenbruch desillusionierte Jugend in der Radikalität seines Werkes und seines Auftretens eine überzeugende Alternative zur geistigen Leere und fehlenden Perspektive ihrer Generation sah, erscheint auch heute aus der zeitlichen Distanz verständlich.

Huis clos fand nach der Uraufführung in Paris 1944 enorme Resonanz. Unzählige Male wurde das Werk gespielt, auf großen

Bühnen ebenso wie von Schüler- und Studententheatern. Die Popularität des Stücks blieb bis heute ungebrochen. In einer Besprechung zur Aufführung im Pariser Théâtre Marigny unter der Regie von Robert Hussein im Januar 2001 heißt es: «On salue donc le retour d'une pièce qui n'a jamais vraiment disparu.... Elle n'a pas pris un ride.»[17]

Wenn auch *Huis clos* unmittelbar nach seiner ersten Aufführung zuweilen von seinem politisch-biografischen Gehalt aus der Résistance-Bewegung im besetzten Paris zu deuten versucht wurde, so steht doch der Zugang zu dem Stück von Sartres philosophischen Ideen her im Zentrum der weitaus meisten Aufführungen und Interpretationen. Der Begriff «mauvaise foi» – wohl am besten mit „innere Unaufrichtigkeit" zu übersetzen – erweist sich dabei ebenso wie die Bedeutung von «Le regard de l'autre» – „der Blick des anderen" als Schlüssel zum Verständnis des Dramas:

> *In Sartres „Ich-Konzeption" spielt der Andere eine entscheidende Rolle. Das „Ich" steht in ständiger Wechselwirkung mit dem Anderen, es definiert seinen Standort unter dem Blick des Anderen. «Le regard de l'autre» verändert das Ich: „ich sehe mich, weil man mich sieht". „Ich bin dieses Ich, das ein anderer erkennt", „indem ich Objekt für den anderen bin, werde ich mir meiner selbst bewusst." Der Blick des Anderen macht das Ich von ihm abhängig, aber er verhilft auch zur Selbsterkenntnis. Die Selbstreflexion muss den Weg über den Anderen nehmen.*[18]

Das Drama wurde auch mehrfach verfilmt, so 1954 von Jacqueline Andry, 1962 in Argentinien unter dem Titel *No Exit* von Pedro Escudera und Danielewski und 1965 von Michel Mitrani als französische Fernsehfassung des ORTF.

Unter „Sartre, Huis clos" finden sich heute bei den Suchmaschinen im Internet weit über 1 000 Einträge. Mögen auch Sartres öffentlicher Einfluss und die riesige Begeisterung an seinem Werk schon bald nach seiner Beisetzung auf dem Pariser Friedhof Montparnasse abgeflaut sein, sein Rang in der Geschichte der französischen Literatur des 20. Jahrhunderts bleibt unangefochten. Von den einen als Nihilist, Zyniker und politisch fehlgeleiteter Polemiker und Agitator verdammt, von den anderen zum unvergleichlichen Multitalent und universalen Geist hochstilisiert, wird er als Mensch, Schriftsteller und Philosoph, der sich durch sein rebellisches Wesen und sein gesellschaftlich-politisch kontroverses Engagement oft in Widersprüche verwickelte, weiterhin im Blickpunkt literarischen Interesses und im Zentrum intellektueller Auseinandersetzungen stehen.

Literaturhinweise

Verwendete Ausgaben:
JEAN-PAUL SARTRE: *Huis clos.* Paris: Collection Folio, 1996.
JEAN-PAUL SARTRE: *Geschlossene Gesellschaft.* Reinbek: rororo, 1999.

WALTER BIEMEL: *Jean-Paul Sartre. Mit Selbstzeugnissen und Bilddokumenten.* Rowohlt TB Verlag.
Als Einführung zu Autor und Werk gut geeignete informative Darstellung biografischer und literarisch-philosophischer Wesenszüge und Hintergründe.

MICHEL-ANTOINE BURNIER: *L'Adieu à Sartre.* Paris: Plon 2000.
Der persönliche Werdegang Sartres als Spiegel der Geschichte der Generation der sechziger Jahre, für die der Autor Vorbildfunktion hatte.

A. CHASSANG/CH. SENNINGER: *Recueil de textes littéraires français, XXe siècle.* Libraire Hachette 1970.
Übersicht über die wichtigsten literarischen Strömungen und Autoren des 20. Jahrhunderts anhand ausgewählter Texte. Auf 20 Seiten Textauszüge aus Sartres bedeutendsten Romanen und Dramen mit Kurzcharakterisierung seines Werkes.

MIREILLE CORNUD-PEYRON: *Jean-Paul Sartre, Huis clos. Les Mouches.* Paris: Nathan 1991.
Untersuchung der beiden Dramen, die in engem geistigen Zusammenhang stehen. Dem inhaltlichen Resümee folgt der Kommentar und die gehaltliche Analyse.

FRANCIS JEANSON: *Sartre. Ecrivains de toujours.* Editions du Seuil 1955.

In zwei Großkapiteln («Un théâtre de la bâtardise», «La conversion du bâtard») und unter Verwendung von Bilddokumenten Darstellung wichtiger Aspekte des Lebens und Werks Sartres unter Einbeziehung zahlreicher Textstellen und deren Interpretation.

ANDRÉ LAGARDE/LAURENT MICHARD: *XXe siècle. Les grands auteurs français.* Bordas 1973 u. ö.

Umfassender Überblick über die wichtigsten Vertreter der französischen Literatur des 20. Jahrhunderts. Jean-Paul Sartre wird auf zehn Seiten mit Textauszügen u. a. aus *La Nausée, Le Sursis, Huis clos* und *Les Mots* vorgestellt.

BERNARD LECHERBONNIER: *Sartre. Huis clos. Profil d'une œuvre.* Paris: Hatier 1972.

Ausführliche und kritische Analyse des Stücks, seiner Situierung im Gesamtwerk Sartres, seiner Dramaturgie und Ideologie unter Herausarbeiten wesentlicher textbezogener Aspekte.

WALTER VON ROSSUM: *Simone de Beauvoir und Jean-Paul Sartre. Die Kunst der Nähe.* Audiobook. Cassette. München: Hörverlag 1988.

Portrait einer erstaunlichen Beziehung, „die die Grenzen des Intellekts und der Konvention sprengte", wie Sartre selbst schrieb.

JEAN-PAUL SARTRE: *Sartre über Sartre. Aufsätze und Interviews 1940–1976.* Rowohlt TB Verlag 1977.

Die von Sartre selbst autorisierte Sammlung autobiografischer Schriften enthält die wichtigsten Äußerungen des Autors über sein Leben, seine geistige Entwicklung und seine Rolle in der Öffentlichkeit.

Anmerkungen

1 „Jean-Paul Sartre über *Geschlossene Gesellschaft*", in: *Jean-Paul Sartre: Geschlossene Gesellschaft*. Reinbek: rororo, S. 60.

2 „Jean-Paul Sartre über *Geschlossene Gesellschaft*", a. a. O., S. 60.

3 Historisch ist das Second Empire die Zeit unter Napoléon III. (1852–1870). Die im klassischen Empire-Stil verwendete Ornamentik macht im Second Empire größerer Einfachheit Platz. Man bevorzugt bequeme Polstermöbel, niedere Lehnsessel mit gewölbter Rückenlehne, mehrsitzige Sofas und Bänke.

4 Wolfgang Kayser: *Das sprachliche Kunstwerk*. Bern und München: Francke Verlag [7]1961, S. 369.

5 Bernard Lecherbonnier: *Profil d'une œuvre: Sartre, Huis clos*. Paris: Hatier 1972, p. 55.

6 Jean-Paul Sartre: „Verteidigung des Existentialismus". In: *Französische Geisteswelt*, Hg. Joachim Schondorff, Darmstadt: Holle Verlag 1952, S. 310.

7 Jean-Paul Sartre: „Verteidigung des Existentialismus", a. a. O., S. 311.

8 Ib., S. 311

9 „Jean-Paul Sartre über *Geschlossene Gesellschaft*", a. a. O., S. 61 (Hervorhebung durch den Autor).

10 „Jean-Paul Sartre über *Geschlossene Gesellschaft*", a. a. O., S. 62.

11 Ib., S. 62

12 Ib., S. 62 (Hervorhebung durch den Autor)

13 Jean-Paul Sartre: „Verteidigung des Existentialismus", a. a. O., S. 312.

14 „Jean-Paul Sartre über *Geschlossene Gesellschaft*", a. a. O., S. 62 (Hervorhebung durch den Autor).

15 Bernard-Henri Lévy: *Le Siècle de Sartre*. Paris: Grasset 2000.

16 zitiert im Artikel von Richard Eyre, „Sartre and me". *The Guardian,* May 2000 (http://books.guardian.co.uk).

17 www.fluctuat.net/scenes/chroniq/huisclos.htm

18 Leonore Zwölfer: „Sendung 1: Huis clos von Jean-Paul Sartre". In: *Praxis Schulfernsehen, Begleitmaterial zu den Sendungen des WDR.* Heft 271, Januar 1999, S. 29. Die etwa 30-minütige Fernsehsendung stellt im ersten Teil Ausschnitte einer Aufführung von *Huis clos* durch das Théâtre Off aus Marseille vor, der zweite Teil ist dem Leben und der Person Sartres gewidmet. Weitere Informationen bei: Hessischer Rundfunk, Schulfernsehen, Postfach 60222 Frankfurt/Main.

Ihre Meinung ist uns wichtig!

Ihre Anregungen sind uns immer willkommen.
Bitte informieren Sie uns mit diesem Schein über Ihre Verbesserungsvorschläge!

	Seite	Fehler, Vorschlag

Bitte hier abtrennen

Die echten Hilfen zum Lernen …

STARK

Bitte hier abtrennen

Zutreffendes bitte ankreuzen! Die Absenderin/der Absender ist:

- ☐ Lehrer/in
- ☐ Fachbetreuer/in
  Fächer: ____________
- ☐ Seminarlehrer/in
  Fächer: ____________
- ☐ Regierungsfachberater/in
  Fächer: ____________
- ☐ Oberstufenbetreuer/in
- ☐ Schulleiter/in
- ☐ Leiter/in Lehrerbibliothek
- ☐ Leiter/in Schülerbibliothek
- ☐ Referendar/in, Termin 2. Staatsexamen: ____________
- ☐ Sekretariat
- ☐ Schüler/in, Klasse: ____________
- ☐ Eltern
- ☐ Sonstiges: ____________

STARK Verlag
Postfach 1852
85318 Freising

12-V1P

Bitte ausfüllen und im frankierten Umschlag an uns einsenden. Für Fensterkuverts geeignet.

Kennen Sie Ihre Kundennummer? Bitte hier eintragen.

Absender (Bitte in Druckbuchstaben!)

Name/Vorname ____________

Straße/Nr. ____________

PLZ/Ort ____________

Telefon privat ____________ Geburtsjahr ____________

E-Mail ____________

Schule/Schulstempel (Bitte immer angeben!)

Unterrichtsfächer: (Bei Lehrkräften!)

(Bitte blättern Sie um)